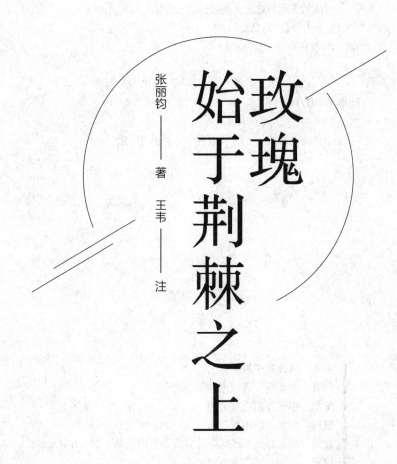

玫瑰始于荆棘之上

张丽钧——著

王韦——注

中国友谊出版公司

图书在版编目（CIP）数据

玫瑰始于荆棘之上 / 张丽钧著；王韦注 . —— 北京：
中国友谊出版公司 , 2024.1
ISBN 978-7-5057-5743-1

Ⅰ . ①玫… Ⅱ . ①张… ②王… Ⅲ . ①作文 – 中学 –
选集 Ⅳ . ① H194.5

中国国家版本馆 CIP 数据核字 (2023) 第 222056 号

书名	**玫瑰始于荆棘之上**
作者	张丽钧 著　王 韦 注
出版	中国友谊出版公司
发行	中国友谊出版公司
经销	北京时代华语国际传媒股份有限公司　010-83670231
印刷	唐山富达印务有限公司
规格	880 毫米 ×1230 毫米　16 开
	11.25 印张　163 千字
版次	2024 年 1 月第 1 版
印次	2024 年 1 月第 1 次印刷
书号	ISBN 978-7-5057-5743-1
定价	49.80 元
地址	北京市朝阳区西坝河南里 17 号楼
邮编	100028
电话	（010）64678009

目 录

第一辑
精神灿烂

第二辑
锋利的纸

第三辑
君心可晴

第四辑
莲的确证

第五辑
怕它孤寂

第一章

精神灿烂

我见青山多妩媚

办公室的窗，衔一脉青山。

忧悒的时候，我引自己伫立窗前，游我之目，骋我之怀。

假想古人与更古先贤交流，所思所悟具有了普适性，文章立意愈加厚重。

常想那稼轩，一定是在孔子"甚矣，吾衰也；久矣，吾不复梦见周公"这个悲凉的句子中怅恨良久，尔后扪着一颗衰朽的心，喃喃自语："问何物，能令公喜？"——是呢，披阅了太多的春风夏雨秋霜冬雪，"喜"的门槛，被岁月一再偷偷筑高，再不似儿时，一只蚁虫就可以轻易驮走满心的不快不爽。

稼轩抛出的问题，自然要由稼轩来作答。

不仅引用词句，更想象词人情态，其人其词被赋予了鲜活的生命，读来更加亲切。

穿越时空的烟尘，我看见长衫飘飘的词人，指点着凝翠的青山对我微微领首。我听见他得意地吟唱道："我见青山多妩媚，料青山见我应如是。"

我喜欢听词人对"青山"情人般的不吝赞美之词，更喜欢他多少有些跋扈的痴愚猜想——他竟张狂地以为，他眼里青山有几多妩媚，那青山眼里的他就有几多妩媚呢！

作者对辛弃疾词句满怀敬意，与下文被世俗名利牵绊而不能理解经典作品的人们形成对比。

窗前的我，险些要被这个在心里千回百转的句子逗弄出新鲜的笑，连忙掩了口。——是担心这笑会冒犯了意兴盎然的词人呢，还是担心这笑会唐突了眼前这决然不会枉担了"妩媚"之名的青山呢？这两个担忧，一律那么美妙，美妙得让我逆流的笑一跌进心湖，就激起了层层的浪花。

对经典作家作品的敬重之情不只停留于思，更落实于行。

开花的季节里，我单位为装点铁艺的围栏，打算制作一些宣传牌。我几乎想都没想，就率先推荐了稼轩的这两句词。如今，稼轩这两句与青山倾心"调笑"的妙词被印在一块不规则的红色牌匾上，惹得与它熟识和不熟识的人都不由在它面前停下匆遽的脚步，轻声诵它："我见青山多妩媚，料青山见我应如是。"我猜，所有在这里聆听到这词句的人全都在心里笑了，特别是，当他们诵完了这两个句子，再抬头看一眼那座用"凤凰"命名的青山的时候，他们会笑得更有韵味。从这个意义上来讲，稼轩是为改善人们的不良情绪做出了贡献的人。

通过路人的反应体现出经典的作品在日常生活中能够唤起众人的共鸣，更加突显辛弃疾及其作品跨越时空的宝贵价值。

我为打从这个牌匾前经过的奔驰和宝马遗憾呢，它们跑得太快了！我分明看见稼轩的词从牌匾上冲出来，毅然地去追赶它们，却被它们不屑一顾地甩在了身后。

——这座城市的人们啊，当你经过"文化路"，却没有被稼轩的词抚慰一下，我以为你是没福气的。

明明是有些当代人不理解传统文化的宝贵，却将词作拟人化，辛弃疾的大仁义大担当跃然纸上。

我有个师兄，常用手机短信为我默写古诗词，开心的时候写，烦恼的时候也写。当他把稼轩的这首《贺新郎》完整地默写给我时，我回复他说："嘿！你和老辛联手完成了一项壮举——赋予我的手机以精魄。"

"我见青山多妩媚，料青山见我应如是。"当尘世的纷扰尘屑般落满你无辜的生命的时候，让这样明媚的句子掸走那恼人的忧烦。青山没有学会辜负。葆有与青山对话的兴致是一种不浅的"艳福"。遣那个精神的自我端坐于远离尘嚣的风景中，叩山为钟，抚水为琴，揽一面妩媚的镜子，惊喜地在里面照见另一个妩媚。

吟咏经典词句，不仅是雅趣的表现，也是文学的积淀，更是真正意义上形与神的文化传承。

我知道，只要我还会思想，忧悒就会时刻觑觎我。当忧悒来袭，不论我置身何处，我都希望自己心灵的窗衔一脉青山，我引那个不期然丢失了笑容的自己伫立窗前，游我之目，骋我之怀，字正腔圆地一遍遍吟哦辛稼轩的妙词："我见青山多妩媚，料青山见我应如是。"

那个少年和那首小诗

在文字的汪洋中，我遇到了那个少年和那首小诗，从此难以释怀。

那是个躲在岁月深处的少年。他的家，在太行山坳一个叫"小道"的村子里。那天，9岁的他到山里割山韭菜去了，家里来了个侍弄文字的女子。那女子眼尖啊，一眼就看到"在堆着破铁桶和山药干的窗台上靠着一块手绢大的石板"，那石板上歪歪扭扭地写着三行字：

太阳升起来了，

太阳落下去了，

我什么时候才能变好呢？

一下子，那侍弄文字的女子就不可救药地喜欢上了这三行文字，并执拗地把它唤作了诗。她欣赏那个身居困境的小小少年积极的心理挣扎，欣赏他用纯净的目光追踪太阳起落，更欣赏他对自我的追问与期许。他把自己的"向好"之心表达得多么酣畅淋漓！这是一个被大山困住的懵懂少年在向着苍穹喊他自己的未来呀……后来，那个女子远离了那首诗，少年也早已长大。有一天，她做了一个假想，试着把那少年的诗改动一个字，变成了"太阳升起来了，太阳落下去了，我什么时候才能变富呢？"——她问自己，如果这样，她还会认为这是诗吗？

诗句出现前，先铺垫诗句所在的环境。清贫的环境孕育出纯美的诗行，尤其可贵。

以太阳的升落代表时间的流逝，是时光最质朴的见证，也是少年的初心最直接的体现。

——"好"不排斥"富"，但"好"绝不等于"富"。

当初的少年，当初的少年们，如今还走在竭力"变好"的路上吗？有没有在经意不经意间就将那个"好"字书成了"富"字呢？

我想到了自己的表兄。表兄年少时也曾怀揣"变好"的梦想，他的理想是成为一个说大鼓书的艺人。但是，正如罗大佑歌里唱的那样"流水它带走光阴的故事，改变了一个人"，我的表兄，早已将理想当烟卷抽掉了。他在村子里开了间纺纱的小作坊。一见面，他就开始跟我大谈赚钱之道："经商嘛，就是想办法把你兜里的钱弄到我兜里来。我要想掏走你兜里的钱，最孬的法子是直接下手掏；好一点的法子是让别人劝你掏；更好的法子是让你自己乐意掏；最好的法子是让你只怕没了自己的份儿，所以争着抢着掏！——哈哈，这四种法子我都用得熟练到家啦！"——这个人，早已欣然把当初的那个"好"字彻底改换成"富"字了。

我又想到另一个从农村走出来的女孩。她常庆幸自己"变好"的梦还没有坠落，然而，在"变好"的道路上，她跋涉得多么艰难啊！有时候，那个"好"会被别人粗暴地读作了"歹"——丈量"好歹"，每个人都兴致勃勃地自制了一把尺子，且对自己尺子的精确度深信不疑；她说，她是个"万物间有千千结"的忠实信徒，听到的人全都笑了——他们觉得她太痴，玫瑰是玫瑰，面包是面包，它们当中哪会有什么"千千结"哟；当遍地的向日葵都朝着同一个方向仰望的时候，她偏要扭脸，鼓吹在相反的方向正藏匿着一个大太阳——这时候，大家不可能不再一次把她看成异类……

生命本没有意义，是向往"意义"的心不断为生命注入了

从"少年"到"少年们"，文章的立意从一小段人生经历带来的感悟，广泛到人们生存、生活的普遍哲思。

表兄讲述的"法子"越多，语气越自得，离"好"初心越遥远。

人们容易背离自己初心的"好"，往往是由于他人的不理解甚至误解。自然引出下文解说如何坚守住自身"变好"这一最初心愿。

意义。许多向往"意义"的心汇聚到一起，一个时代就被赋予了某种特定的精神气质。夸父因为逐日，才是夸父；女娲因为补天，才是女娲。他和她，都不是"被利润鼓舞着扬帆远航"的。当"富"成为一个团体的唯一"标的物"的时候，这个团体终将可悲地沦为"富"的弃妇。

小道村那个会写美诗的少年啊，不管你如今过着怎样的生活，我都希望你能在扰攘的日子里不断回望岁月深处那个堆着破铁桶和山药干的窗台，回望窗台上那块手绢大的石板，回望石板上的那一首小诗……

世俗所谓的物质利润绝对不是评价生命的标准，坚持自我的"向往"才会赋予生命真正的"意义"，为我们指明了生命"变好"的可能性。

以对少年最初"向好"的达成作为祝福，是对少年般质朴美好生命状态的最恰切诠释。

美丽的冲动

有一首小诗，写一个女孩儿在灿灿阳光下手捧一汪清水和一尾小鱼急急地往家赶。这个画面在我的脑海中久久盘桓，挥之不去。我总忍不住跟冥冥中的那个女孩对话：亲爱的小妹，你可要坚持呀！千万别让你手中的清水漏光，告诉我你身处哪条河畔，我要去接你一程！我要拿着一个玻璃瓶去，我一定要赶在你手中的清水漏光之前迎上你，我要你眼看着你的那尾小鱼住进一个透明的家啊。

小鱼那样鲜活灵动的生命，惹人怜爱，"我"的呵护之心难以自抑。

有一篇小文，写一只蝴蝶因受伤而落进路上的一片水洼，它的爱侣为了不使它受到行路人的践踏或惊扰，就一次次疯狂地往行人身上冲撞，试图以它的力量掀翻鲁莽的行人。这个情景令我怦然心动。我有一个荒唐透顶的念头，找到那一只落难蝴蝶，和它的爱侣一道将它从水洼中救起，让阳光抚慰它椎心的伤痛，让和风吹干它美丽的翼翅。然后，我会指给这一对恩爱蝴蝶花海的所在，目送它们融入一片嫩粉娇红。

蝴蝶眷侣相濡以沫的相守，令人震撼，"我"的成全之意深挚奔涌。

有一则童话，写一枚桑葚为了履行一个爱的诺言，红熟了也久久不肯从枝头坠落，它藏在一片桑叶底下，躲过了风雨和鸟喙，痴痴等着爱它的人来摘它。这个故事惹得我在每一棵桑树下抬头。盛夏了，我还在仔仔细细寻觅桑叶下的红熟桑葚。我想，如果我找到了，就让我替伊人摘下它吧，别让这枚嘉果等成了泥等成了灰。请相信，这敏感的唇齿，绝不会枉然辜负你苦心积攒一春一夏的醇香。

桑葚果为爱坚守的执着，引人叹惋，"我"的寻赏之愿真诚热烈。

小诗、小文、童话……文学作品成为爱与梦的载体，让"我"始终抱有对美的冲动，饱含生命的鲜活。

……………

好了，你已经看穿了我。我是个爱在书页上做梦的人。美丽的文字，触动我美丽的情思，使我生出美丽的冲动。我心里常有一种莫名的恐惧，担心有一天我从一个长长的梦中醒来，鲜活的心结了厚厚的茧，读好诗不再垂泪，诵妙文不再动容。好友尔民说：你什么都可以丢，只是别丢了你对文字的感觉。

——让文字拯救我。这是我在生活中溺水时常在心里喊的一句话。

让我永远葆有热爱文字的美好心情，让我永不失去在动人文字上做梦的美丽冲动。让我在一首小诗里洗浴，让我在一篇小文中薰香，让我在一则童话中悉心梳理爱与美的羽毛——好不好？

"洗浴"的净化，"薰香"的升华，"羽毛"的展翼翔翔，精妙的比喻生动形象地展示出文学的巨大魅力和影响力。

畏惧美丽

我说得清自己是在哪一天走向成熟的。因为打从那天起我开始畏惧美丽。

我会站在一朵美艳绝伦的鲜花面前呆呆地看上一个时辰，心中涌动一股比爱深较妒淡的说不清道不明的热辣辣的感觉。诗人余光中说他看那"艳不可近，纯不可渎"的宫粉羊蹄甲花时，总是要看到"绝望"才肯离去。老先生笔下这惊心动魄的"绝望"二字，真让我共鸣得几乎要掉泪了。美丽的花朵，对善良的心灵有着一种无可抗拒的威慑力。它召唤着你却不轻许你，谢绝了你却不惹恼你。它让你在它的光辉里沐浴，又让你染着它的清香一步一回头地离开。高尚的手永远是临花轻颤的手。摘走鲜花的人在倾覆美丽的同时也倾覆了他自己。

我会畏惧一双美丽的眼睛，不管是同性的眼睛还是异性的眼睛，只要它是用美丽注释的。美丽的眼睛照耀着我。那是一些令我即则怯，离又悔，不即不离不甘心的眼睛。在我贫瘠的记忆里，流失了那么多人的姓名，却存活着一双双美丽的眼睛。它们或默默凝睇，或顾盼流转，一律真真切切投在我温柔的心幕上——这时，也只有这时，我才有勇气与它们对视。我知道我漏听了太多心灵的语言，只能在日后凭想象将它们一一补齐。可我却无怨，只把这看成一种玩不厌的游戏。

我会畏惧一篇精彩的文字。每每于墨香中翻开一本新杂志，在目录上看到某个熟悉的名字（这名字往往是和一篇篇美文连

开篇将"畏惧美丽"与"走向成熟"建立起因果联系，激发读者兴趣，引发思考。

召唤却不轻许，谢绝却不惹恼，极尽花朵高贵优雅之态。

上段写畏惧的第一个对象：美丽的花朵；此段写畏惧的第二个对象：美丽的眼睛。结构清晰。

一句生动的心理描写，准确写出了作者深情与畏惧交织的感情，是本文主题"畏惧美丽"的具体体现。

009

精彩的心理描写，生动准确地写出了作者将要读到美文时紧张忙乱而又充满期待的心情，表达了作者面对美丽的文字时由衷的敬畏。

"久久"二字反复，写出作者在美文中沉迷时间之长，表达了作者对美文喜爱程度之深，美文对作者产生的影响之大。

在一起的），我总是不敢一下子找到相应的页码，生怕脆弱的心禁不起那美丽的惊吓和打击。我会把那不相干的文章慢慢读完，然后心里便开始发热发冷，发虚发酸，终于英勇地翻开那躲不过的一页，飞快浏览一遍，以便让畏惧稍稍减淡，之后，再回过头来细细咀嚼赏鉴——那些勾魂摄魄的令我永志不忘的文字哟！它们是从一支什么样的笔下流出来的？它们的诞生是艰难还是顺利？这些，永远是我愿意猜测的问题。敏感而痴迷的心，久久久久走不出美文的枝枝杈杈丝丝脉脉，待到不得不收复自己的时候，我发现，我已是支离破碎。

畏惧源于喜爱，却又超越了喜爱。喜爱里往往包含了一种不知深浅的亲昵与轻狎，而畏惧才是真正的怜惜与恭敬。"美丽"慷慨地点缀了我们短暂寂寞的人生之旅，我们一俯首即可采撷到美丽，一回眸就能目睹美丽。美丽是这样无私地洗濯我们照耀我们拯救我们，我们怎不该小心翼翼地去护爱着她呢？

畏惧美丽，是我最美丽的人生体验。

春日絮语

春如期而至。

没有冗赘的前奏或序曲，春和着我匀静的心律，一路踏歌而来。她用素手拨亮了花朵，用眼波凝碧了长天。她款款地临风举步，俯身撒播动人的消息。当遇到那些冥顽的残冬块垒，她会宽容地微笑。在她美丽的笑影里，所有和春天无关的故事便纷纷羞惭沮丧地溃退，而新枝新绿新花蕾则无可争议地成为这个世界的热门话题。

每一个春天都让我另眼相看。

真的，不要说今年的这片叶子其实是去年那片叶子的翻版，也不要说今年的这声鸟啼其实跟去年的那声鸟啼雷同。我所读到的春全都是全新的版本，我所约见的每一个春光流溢的日子都能让这多情的心儿忆起初恋的时光。小小寰宇，确有不少陈旧叠着的陈旧，例如情仇，例如物欲；但是，你也一定要看到有太多新鲜衔着的新鲜，例如春风，例如春雨……

如果，如果我不能在每一个春里完成一件关乎春天的作品，我不知道我这支笔将会苍老成何等模样。

我不忍在春绝顶富丽的花园里碰伤一个娇小的花蕾。我太怕她会喊痛。她那无声的呻吟会令我毛骨悚然。

我懂得她。我怎会不懂得她呢？她从初冬就开始兴致勃勃地启程，跋涉过了整整一个萧索的季节。她做梦都在啜饮开放的琼浆。她苦心积攒了上百个日子的俏丽与芳菲，不就是为了

"素手""眼波"二字都运用了拟人的修辞手法，"素手"写出了春天质朴纯净的特点，"眼波"写出了春天温柔活泼的特点。

"陈旧叠着的陈旧"与"新鲜衔着的新鲜"相呼应。"叠"字，写出了陈旧之物不断积累、相互挤压的状态，而"衔"字，则暗含着孕育新生之意。

"无声的呻吟"用得好，"无声"体现了花蕾的娇弱渺小，"呻吟"体现了花蕾的痛苦挣扎，二者将花蕾痛苦而无能为力的样子展现得淋漓尽致，也表达了作者对花蕾的怜爱。

春光中那短暂的展示吗？请让我轻轻避开那满枝娇美脆弱的心思吧，让我的眸子以最圣洁的柔光去亲吻那缤纷的诗行！

噢，那些花，那些朵，那些金盅玉盏，全都是春宴的珍馐啊！面对这美的盛筵，我善感的心灵怎能不被欣悦与感动涨满？在春那香暖的臂弯里，我有一点意乱情迷。我口中默默吟诵着"惜春常恨花开早"，眼睛却在痴痴追索着"红杏枝头春意闹"——告诉我，是谁在一夜之间就唤醒了我这么多美好的情愫和可爱的思想，让我的心一下子变成了无比高贵的美的基座？

春以千般温情征服了我。

曾几何时，冬的鞭子无情地抽打我的皮肉，可我的头颅却倔强地扬得更高更高；而春的手刚一触及我隐隐作痛的伤痕，我却已忍不住泪流满面！

春以她优秀的品质濯浣我，带动我。经历一次春天我便增添一份秀色，经历一次春天我便增添一份聪慧。

春的爱抚令我镂骨铭心，而清贫的我却无以为报。我只能祈求我的每一个句子都幻化成深得春宠爱的小孩儿，让我的小孩儿嬉戏着欢跳着去追逐春的芳踪——那样，我就不会再抱怨"春归无觅处"，那样，我就能骄傲地宣称：我已用我的诗文牵住了春之仙袂。

在本段中，作者令想象自由驰骋，与自己对话，与自然对话，体现了作者对春天之美的无限享受、无限珍视。

由上文"我对春的态度"走向"春与我的关系"，在思考上更深一层。

"仙袂"写出了春天充满生机与灵气的状态，"牵住"写出了作者主动与春互动，并暗含一种亲切友好的情感色彩，"牵住仙袂"体现了作者对春天的沉迷与珍视。

惊喜力

这个词是我"自造"的——惊喜力。

我以为，"惊喜"确乎是一种能力，一种值得夸耀的能力。

我们学校有一句人人皆知的口号："让生命的相遇充满惊喜。"惊喜，是一种喜出望外的欢悦——感谢相遇，感谢上天安排你我走进对方的生命里。网友说，人生不过四亿次眨眼，在这匆遽的一生当中，有缘的人来到同一所校园，在同一个屋檐下厮守数年，每天彼此相守的时间，远远超过了与最亲密的人相守的时间，这是几世修来的缘分！

仿佛一夜之间，纳兰容若的一句诗就火遍了全国——"人生若只如初见"。我的学生在适宜的地方引用它，在不适宜的地方也引用它。他们未必知晓这诗句后面的"等闲变却故人心"的苍凉悲吟，只管在惊鸿一瞥、电光石火的定格中忘情啜饮"初见"的琼浆……

一见倾情的"惊喜力"，好比露水，往往禁不起朝阳的热吻。

想那散文家苇岸，在1998年突然动了一个奇怪的心思——为古老的二十四节气造像！他在自己居所附近的田野上选择一个固定点，在每一个节气日的上午九点钟，观察、拍照、记录，最后形成一段文字。他在《惊蛰》中写道："'惊蛰'，两个汉字并列一起，即神奇地构成了生动的画面和无穷的故事。你可以遐想：在远方一声初始的雷鸣中，万千沉睡的幽暗生灵被唤醒了，它们睁开惺忪的双眼，不约而同，向圣贤一样的太阳敞开了各

由自造的词语开篇，富有趣味，吸人眼球。

对"惊喜"二字的内涵进行解释，明确写作对象并挖掘其本质特征，为下文深入展开打好基础。

巧妙设喻，把"惊喜力"比作"露水"，露水会在阳光的照耀下变为蒸汽，惊喜力也是一见倾情的。

自的门户……"在苇岸眼中，世界，永远是刚刚"启封"的样子，人间纵然经历了千万次"惊蛰"，他依然雀跃地将眼前的这个"惊蛰"视为鲜媚无比的新娘。

——惊于惊蛰，蛰雷未曾在天空炸响，已然在心空炸响。这等惊喜力，委实令人叹服。

看过一个视频，拍的是宝宝初次冲进雨中的情景。她惊讶，她欢喜，她旋转，她癫狂。她仰着小脸承接那雨丝，<u>欢悦得如同一头撒欢儿的小兽</u>。我想，当这个小生命长大，当她在凄风苦雨中独自擎伞赶路，那视频中的画面，还会在她脑海中浮现么？

小孩子撒欢儿奔跑，正是刹那间的惊喜力带来的巨大能量。

当惊喜力被成熟的理性所睥睨，它便会<u>羞赧地逃遁</u>。

"羞赧地逃遁"，写出了惊喜力在成熟理性面前的无所适从、无能为力。

有人说："熟悉的地方没有风景。"熟悉的地方不是没有风景，而是眸子生了锈，不肯再将风景视为风景。入秋，我通过微信发了一组"秋林盛开"的红叶图，有个旅游成性的微友看了，惊呼道："周末你去北京香山了？"我回："没有。我去的地方，距贵府不足百米。"我能猜到他看到这条回复后的表情——惊中有疑，疑中有鄙。襟袖之间的风景，是打了折的风景。太容易亲近了，反丧失了亲近的欲望。

在我看来，越是肯对微不足道、司空见惯的事物奉献惊喜力，越有可能将自我修炼成一处绝佳的<u>"精神风景"</u>。

"精神风景"，写出了保持惊喜力对于一个人心灵世界的持久价值。

究竟谁能说得清楚，那个叫"磨损"的词，生着何等的利齿？它针尖挑土般，一点点偷走"初见"的惊喜，让鲜润的不再鲜润，让颓败的愈加颓败。与"磨损"进行的拉锯战，几乎要伴随我们整整一生。

我讲课时多次提到张中行先生的一件小事。张中行先生90岁时，得到一块心爱的砚台，他长久地抚摩它，神情快乐得如同进入了天堂。当朋友来探望他，他会慷慨地将爱物示人，拿起人家的手，放到那砚台上，和人家一道抚摩。——"你好好摸摸，手感多么滋润啊！"他这样说。——爱得动一方砚台的心，依然是一颗蓬勃的少年心。

爱着爱着就厌了，飞着飞着就倦了，这是多么雷同的生命体验。惊喜力就是赶来拯救厌倦的心灵的。初次淋雨的幼儿，初次相望的眼眸，这些"初次"当中有你么？"初次"之后呢？惊蛰惊醒你了么？红叶染红你了么？有那么一个人，经了七十七回梅开，再看时，依然难掩初见般的惊喜，恨不得在每一树盛开的梅花底下都放置一个"我"，纵宠自己看个够、看个饱——"何方可化身千亿，一树梅前一放翁？"陆游 78 岁时那"满格"的惊喜力，你有么？

精神灿烂

凡清代画家石涛看得上眼的书画，定然符合他给出的一个标准，那就是——"精神灿烂"。

自打这个词语植入我的心壤，我发现自己几乎依赖上了这种表达。看到一株树生得蓬勃，便夸它"精神灿烂"；看到一枝花开得忘情，也赞它"精神灿烂"；在厨房的角落，惊喜发现一棵被遗忘的葱居然自顾自地挺出了一个娇嫩花苞，也慨然颂之"精神灿烂"。

在清末绣娘沈寿的艺术馆，驻足精美绝伦的绣品前，我一下子就明白了，为何这个女子能让一代巨贾张謇为她写出"因君强饭我加餐"的浓情诗句，她将灿烂之情交付针线，那细密的针脚里，摇曳着她饱满多姿的生命。她锦绣的心思，炫动烂漫，无人能及。

学校的走廊里挂着一些老照片，尤爱其中一幅，青年学生在文艺汇演中夺了奖，带着夸张的妆容，在镜头前由衷地、卖力地笑。我相信，每一个从这幅照片前经过的人，不管揣了怎样沉沉的心事，都会被那笑的洪流不由分说地裹挟了，让自己的心也跟着泛起一朵欢悦的浪花。

美国著名插画家"塔莎奶奶"最欣赏萧伯纳的一句话："只有年少时拥有年轻，是件可怕的事。"为了让"年轻"永驻，她不惜花费30年的光阴，在荒野上建成了鲜花盛开的美丽农庄。她守着如花的生命，怀着如花的心情，把每一个平凡的日子都过成美妙童话。满脸皱纹如菊、双手青筋如虬的她，扎着俏丽的小花巾，穿着素色布裙，赤着脚，修剪草坪，逗弄小狗，泛舟清溪，吟诗作画。她说，下过雪后，她喜欢去寻觅动物的足迹，她把鼹鼠的足迹比喻成"一串项链"，把小鸟的足迹比喻成"蕾丝花纹"。92岁依然美丽优雅的女人，告诉世界，精神灿烂，可以击溃衰老。

在石涛看来，"精神灿烂"的对面，颓然站立着的是"浅薄无神"。我多么怕，怕太多的人被它巨大的阴影罩住。我们的灵魂情态，我们的生命状态，一旦陷入这样的泥淖，它所娩出的产品（无论是精神的还是物质的）定然是劣质的、速朽的，甚至是富含毒素的……

相信吧！一个精神灿烂的人，可以活成一座花园；一个精神灿烂的群体，可以活成一种传奇。

在呈现了塔莎奶奶的故事之后，回扣主题，重申自己对拥有"精神灿烂"价值意义的认识。

本段在内容上从具体事例走向对社会中人们普遍心理的思考，使文章具有了一定的现实针对性。

做出呼吁，引起读者共鸣。

脚窝里开出的花朵

最初接触白居易的《琵琶行》时，我还是个十二三岁的孩子，无端地，竟把他想象成了一个穿长衫的男子，临风伫立于浔阳江头，握了满把大大小小的珠子，往一个碧绿的玉盘中撒，撒。后来终于读懂了这首绝美的诗，却无论如何抹不掉脑海中这个错误的景象。再后来，我站在讲台上给我的学生们讲这首诗，讲到"大珠小珠落玉盘"的时候，我常忍不住浩叹，我跟学生们说：如果你的耳朵不被这样的脆响灌满，你就没有办法领略琵琶女弹奏技艺之高妙。他们不知道此刻的我唇际正漾着一汪笑，我笑自己在这首诗中那个稚气的迷失。

白居易对有声之声写得如此精妙生动，对无声之声的描摹更令人叹服，他说"此时无声胜有声"，在声音的空白处，他的耳朵听出了一万朵花开！自打他对无声之声做了如许描摹，千载而下，他的身后崛起了一代又一代驾轻就熟地引用着这个诗句的幸福的人儿。一个生生不息的句子，葳蕤着，为多少静默的时刻代言！当你信手拈来这个神奇的句子，把它恰到好处地插入你的某种表达当中，你会不会向岁月深处感恩地回眸，向那个才情傲世的诗人颔首微笑？

那么多容易被人忽略的声音，都被白居易纳入了耳鼓，摄入了心屏，挑在了笔端——

白居易笔下的"夜雨"是这样的：

早蛩啼复歇，

残灯灭又明。

隔窗知夜雨，

芭蕉先有声。

瞧，他连一只嫩嘴的蛐蛐叫一阵子歇一阵子都清晰地分辨出来了！雨前的风，逗弄得残灯时明时灭，诗人并不曾伸手于窗外探察雨点，却敏锐地听到了芭蕉叶上雨儿的足音！

白居易笔下的"夜雪"是这样的：

已讶衾枕冷，

复见窗户明。

夜深知雪重，

时闻折竹声。

雪来了，它没有像雨那样激动地在芭蕉叶上跳舞，而是悄悄地从你的衾枕上偷走了一点温热，从你的窗纸上涂掉了一层晦暗。你真切地得知雪之大，雪之重，还是竹枝殷勤相告的呢！静夜中折竹的响动，惊扰了诗人的幽梦，于是诗人开始在这不寐的长夜中苦觅新诗的韵脚。

浔阳江畔的珠玉之声，就算被我曲解了，也错出一段美妙的歧韵，至于那越窗而来的雨雪之声，更是让我生出了比珠玉还温润的怀想。因为心静，所以耳喧。如果让我试着说说这些诗的效用，我可能会说：安神，解乏，镇痛，疗伤。在浮躁追击着每颗无辜的心灵的今天，你想象不出，我多么愿意听珠子撞击玉盘时的绝响，多么愿意听深夜雨雪行经芭蕉或竹枝时的

在展开诗句的过程中注入了自己的想象，这里其实也体现出了作者敏锐的感受力。

妙声，多么愿意听"别有幽愁暗恨生"时那无声的心曲。这些声音在白居易之前就在那里存在着，却被太多太多的人忽略，若不是白氏用生花的妙笔救起这些声音，我们的耳朵怕也会在它们面前失聪的吧？世界造就了这样一种人，给黯淡以色彩，给暗哑以声响，给沉寂以灵动，给腐朽以生机，他从自己的眸中挹出一些光亮来赠给你，他从自己的耳中摘下一些声音来赠给你，他是诗人，他揣着一颗珍贵的诗心在寻常的日子里行走，在他的身后，脚窝里开出了不败的花朵。

由对白居易诗歌的分析，上升到对诗歌及诗人价值更为普遍性的思考，升华主题。

今天，我的耳朵里充斥着机器的噪声，我不敢宣称我想回到唐朝，我不敢宣称我想追随着白居易的耳朵去幸福地听。我只愿哼着歌子，为白居易的诗做一个漂亮的"flash"，发给我天南海北的朋友，让他们在噪声中遁入一小片安宁，随着白居易去听，去想……

由古及今，以白居易的诗反观今天、警示今天，使文章具有了较强的现实意义。

井底有个天

在"万里浮云阴且晴"的日子里，徽派建筑等来了远道而来的我。

粉壁黛瓦马头墙、木雕砖雕石头雕，我都可以不看，偏偏迷上了"天井"。好端端的房屋，没来由地就在屋顶开了个长方形的洞，暗沉沉的房里，跌进一束天光。在宏村，在黄村，在渚口村，天井引我仰望。

殷实的人家，房屋都是用上好的木板围合而成。木香裹挟了我。不是那种新鲜的刨花的香，而是年轮被岁月的手反复摩挲的香——沉郁、低回、缠人。没有窗户，也无需窗户，天井里流泻而下的光，充溢了房屋的每一个角落。坐在一把包浆喜人的老木椅里，安静地抬眼望天。突然发现，那天井居然是活的——流云带动了天井，那精心镶嵌于屋顶上的画，便朝着与风相反的方向游移。好好的阳光，倏然落下几滴雨来。亮亮斜斜的银丝，就在我眼前垂挂而下。幽暗的老屋，被这几丝不期然飘落的雨挑逗得风流蕴藉；我看见雨落在"井底"滑腻的苔藓上，又不动声色地消隐于水槽中。我看呆了。想，若是落雪呢？（导游说过，这地方冬日是要落雪的呀）炉中的火苗舞蹈着，被雪拦在家中的人儿，"卧观天井悬"，看一朵朵雪花从天井里热切地扑进屋内，边坠落，边融化，坠到青苔之上，已没了筋骨；又忍不住想，若是夏夜呢？夏夜里繁星闪烁，坐在凉爽而又蚊虫不侵的屋内，摇了扇子，悉心点数天井圈住了几多星星，暗

作者避开那些常被人观赏的景致，偏偏聚焦"天井"，切入点独特。

运用通感，用触觉写嗅觉，写出了木香时间之久远、味道之厚重。

通过云的流动和风的吹动而感受到天井的移动，作者有着十分细腻的感受力。

"挑逗"，运用了拟人的修辞手法，把雨赋予人的情态，写出了雨活泼的样子和清脆的声音，表达了作者的喜爱之情。

作者的想象自由驰骋,借天井的小小窗口,延伸到无穷的景物之中。

暗记下,与下一个夜晚天井所圈住的星星做一下比对,隐秘的欢悦,漫上心头……落花时节,天井会飘落花瓣雨吧?有鸟飞过,天井会滴落鸟啼声吧?

"四水归堂",导游这样讲。天井,本是用来承接天降的雨水与财气的,四方之财,犹如四方之水,汇聚于我家——晴天阳光照进天井,即是"洒金";雨天雨丝飘进天井,即是"流银"。又有民谣道:"家有天井一方,子子孙孙兴旺。"或许,每一个天井里都藏有这样的美好祈愿吧。然而,我不相信为自己的家族祝祷乃是天井唯一的使命,就像我不相信世间花朵的绽放只是为了传宗接代一般。想那第一个建造天井的人,他一定是一个兼具哲人智慧与诗人气质的建筑家。他近乎负气地说:"谁说天光一定要从四方的窗牖里泻落,我偏要从屋顶开一扇窗,恭请日月进驻,恭请风雨进驻。我就是要在井底有个天!我就是要在房屋的中央,供奉一个不走样的自然!我坚信,这一方自然里,住着福气,住着神祇!"——他赢了。在他身后,呼啦啦,千万间房屋都争先恐后地开了天井。于是,这里的人家都开始借一眼通天接地的井,纳财、纳福;于是,太阳在俯瞰这个蓝色星球时便忍不住朝这一片与它友好对视的眼睛多看了几眼。"会呼吸的房子"——这是外国友人对有天井的徽州老房子的由衷赞叹。是呢,借助一个神奇的孔洞,房屋呼出了浊气,吸进了生机。

追溯历史,探寻来源,从文化的角度认识天井,展现天井,使文章多了一份厚重。

当地人说:"天井,是家庭的中心气场。"在"中心气场"的外围梳理四季,四季也变得圣洁起来、馨香起来。拥有天井的人家,该拥有怎样的岁月呢?这些人家,勇毅地掀开了生活的一角给天看,指天发誓,似乎成了一件更易于实施、更易于应验的事。——我发誓不负天下。我发誓不负春光。我发誓不负卿卿……一言既出,日月可鉴。用心耕犁生活的人,怀抱一颗

由物及人,借天井展现人们的美好生活和美好品格。

拙朴的心，铭镂庆渥，感念福泽，屐痕至处，处处花开。

好人是最好的风水。懂得敬畏，懂得惜福，懂得图新，懂得守璞，懂得将自心与天心抟捏成一个整体——这样的人，不就是一块行走的"风水宝地"么？

——剪一方澄澈的蓝天，镶嵌于刻板黯淡的屋顶之上。自此，头上有个井，井底有个天；自此，林木的呼吸就来殷勤应和我的呼吸，天地的心事就来殷勤刷新我的心事。井在。爱在。烟火在。

从天井与人互动上升到对风水与人关系的思考，文章立意又升一格。

天井，正是人间真爱与人间烟火的象征。依次作结，点明三者关系，升华主旨。

创造月亮

以传奇故事开篇，吸引读者眼球，为文章蒙上神秘色彩。

唐传奇当中，有这么三个小故事，叫作《纸月》《取月》《留月》。"纸月"的故事是讲有一个人，能够剪个纸的月亮来照明；"取月"是说另一个人，能够把月亮拿下来放在自己怀里，没有月亮的时候照照；至于"留月"，是说第三个人，他把月亮放在自己的篮子里边，黑天的时候拿出来照照。

我被这样的故事折服了。

自然惊叹古人想得奇，想得妙，将一个围绕地球运行的冷冰冰的卫星想成了自我的襟袖之物；更加慨叹那不知名的作者"创造月亮"的非凡立意。由不得想，能够做出如许想象的心，定然无比的澄澈清明。那神异的心壤，承接了一寸月辉，即可生出一万个月亮。

前一个过，是"我"主动"度过"，后一个"过"，是我被动"经过"，"日子在过我"表达了作者对自己无聊的生活和匮乏的精神世界的沮丧。

叩问自己的心：你是不是经常犯"月亮缺乏症"？晦朔的日子，天上的月亮隐匿了，心中的月亮遂也跟着消亡。没有月亮的时候，光阴在身上过，竟有了鞭笞般的痛感。"不是我在过日子，而是日子在过我。"我沮丧地对朋友说。回忆着自己走在银辉中的模样，是那样的诗意盎然，但今天的手却是绝难伸进昨天——我够不着浴着清辉的自己。这座城市里有一个冷饮馆，叫"避风塘"。我路过了它，却又踅回来，钻进去消磨掉了一个寂寥的下午。赚去我这整个下午的，是它的一句广告词："一个可以……发呆的地方。"灰暗的心，不发呆又能怎样？

由古人及自己，由动人的故事反观自我的生活，引出下文对人生意义的思考。

我常常想，苦的东西每每被我们的口拒绝，苦口的药，也聪明地穿起讨好人的糖衣服。苦，攻不破我们的嘴，便来攻我们的心了。而我们的心，是那样容易失守。苦在我们的心里奔突，如鱼得水。可以诉人的苦少而又少，难以诉人、羞于诉人的苦多而又多。忧与隐忧不由分说地抢占了我们的眉头和心头。夜来，只有枕头知道怀揣了心事的人是怎样的辗转难眠。世界陡然缩小，小到只剩下了你和你的烦恼。白天被忽略的痛，此刻被无限放大，心淹在苦海里，无可逃遁。这时候，月亮在哪里？天空没有月亮，心空呢？

想没想过，剪个纸的月亮给自己照明？

创造一个月亮，其实是创造一种心情。痛苦来袭，我们习惯浩叹，习惯呼救，我们不知道，其实自我的救赎往往来得更为便捷，更为有效。唐山大地震的时候，有个女孩掩埋在废墟下达8天之久，在那难熬的日日夜夜里，她不停地唱着一段段的"样板戏"，开始是高声唱，后来是低声唱，最后是心里唱。她终于幸存下来。她不就是那个剪个纸月亮给自己照明的人吗？劝慰着自己，鼓励着自己，向自己借光，偎在自己的怀里取暖。这样的人，上帝也会殷勤地赶来成全。

人的生命历程，说到底是心理历程。善于生活的人，定然有能力剪除心中的阴翳，不叫它滋生，不叫它蔓延，给月亮一个升起的理由，给自己一个快乐的机缘，揣着月朗月润的心情，走在生命绝佳的风景里。

这句话写出了"苦"的不同内涵。攻破我们嘴的苦，是味道之苦，可以轻松拒绝；攻破我们心灵的苦，是生活之痛苦，难以摆脱。

插入唐山大地震女孩自救的故事，与本段开头"自我的救赎往往来得更为便捷，更为有效"相呼应，使观点有了具体例证。

剪除心中阴翳，与上文"剪月亮"相呼应，创造月亮的过程就是消除阴翳的过程，此处深化主旨，表达了主动调整心态应对生活困境的重要性。

阅读与练笔（一）

阅读理解

《我见青山多妩媚》

1.在文章第八自然段结尾处，作者说辛弃疾为改善人们的不良情绪做出贡献，你如何理解作者这一说法？

2.作者为什么说他的师兄默写《贺新郎》是"和老辛联手完成了一项壮举——赋予我的手机以精魄"？

3.本文结尾处引用辛弃疾的诗句，请对此进行赏析。

《畏惧美丽》

1. 美丽往往是用来欣赏、令人喜爱的，作者却用《畏惧美丽》作为题目，请对此进行赏析。

2. 请概括作者在文中提到了哪些令人畏惧的美丽？

3. 仔细阅读本文，请概括对美丽的"喜爱"与"畏惧"有什么区别？

《精神灿烂》

1. 作者在第二自然段描绘了几种"精神灿烂"的典型现象。这几处场景有什么特点？体现出"精神灿烂"的哪些内涵？

2. 请概括文中"塔莎奶奶"是如何维护"青春"的。

3. 在文章倒数第二段中，作者对"浅薄无神"的状态进行了介绍，请结合全文分析作者这样设计的理由。

邀你试笔

1.诗词源自人心中最真诚强烈的情感与哲思，是美与思的融合。人们常说"少年情怀总是诗"，青少年时期是最有"诗意"的，是最富"诗情"的，不仅最能够懂得诗词作品的真谛，更是能将诗情画意融入成长的经历，让青春呈现出别样的精彩。

请以"青春如诗"为题，写一篇文章，文体不限，字数不少于700字。

2.生活中不能没有美，生活中更不能忽视美。美可以触动心灵、启迪智慧，美可以改变命运、扭转形势，美可以沟通交流、包容传承。

请以"美是有力量的"为题，写一篇文章，文体不限（诗歌除外），字数不少于700字。

3.诗意之美不仅在书页字面上，也在林间草隙、花香鸟语中，行走在天地之间，不经意就会遇见诗意的美好。你是否能在生活中发现诗意之美？

请以"遇见诗意"为题，写一篇文章，文体不限（诗歌不限），字数不少于700字。

"阅读理解"参考答案

《我见青山多妩媚》

1.人们在世俗生活中可能有烦恼、焦虑等情绪，看到辛弃疾的这两句词，一方面感受到文学作品的审美愉悦，另一方面这块牌匾所在的环境中，正好有青山在人眼前，词句中的内容和眼前的景象相契合，使人产生现实感官上的愉悦。多重美好感受叠加，人们的不良情绪能够得到有效的排遣。

2.精魄是指精神、情感等主观意志，辛弃疾的诗词本身的艺术价值和思想内涵就具有极高的文化价值，朋友的默写又是一种对优秀文学作品、文化精髓的传承。古代先贤和现代人赋予作品跨越古今的永恒价值，呈现在我的手机上，使得我的手机成为优秀传统文学作品与现代审美精神的融合体。

3.词句的意思是我看眼前翠绿的山峰显得多么妩媚美丽，我想青山看我也应是无比美丽的吧。辛弃疾的这首词展示出了人与自然天地的彼此交融与相互理解，彼此欣赏，和谐共生，能够发现和体会到更多美好。结尾处作者再次吟咏词句，表达了作者希望当代人要继续领会辛弃疾词句这样的优秀传统文学作品的精神内涵，获得对自然万物、社会万象的美的感悟。

《畏惧美丽》

1."畏惧美丽"的含义并不是对美丽感到害怕，而是对于美丽的事物所产生的影响的敬畏，生怕错过、辜负了这种美丽的感受。运用这种和现实常规感受形成巨大反差的文字作为标题，吸引了读者的阅读兴趣。

2.作者在文中提到的"令人畏惧的美丽"包括：自然界中展现出强大生命力、纯净圣洁的美丽花朵；美丽的眼睛指代具有丰富多彩的人生、深厚真实的情感的人类；承载了作者的哲思、感悟和复杂创作历程的精妙文字。

3. 在本文中，对美丽的喜爱是指一种亲近、把玩的态度和做法，对美丽的畏惧是对它的珍惜、崇敬，生怕失去的深深担忧、顾虑。

《精神灿烂》

1. 作者在本段中列举了树木生长的茂密壮实，花朵艳丽怒放，一棵葱即使无人照料也开出了嫩嫩的花朵。这些都是自然界中的生命在展现生机与活力。由此体现出"精神灿烂"是指生命体所展现出的昂扬旺盛的生命力，不论是强壮，还是美丽，或是渺小事物的顽强，能够体现出生命力自身的强大，就是值得赞叹的"精神灿烂"。

2. 用爱心与善意培育和呵护自然植物；在生活方式上保持对美与活力的追求，对典雅与趣味的保持；探寻并用富有生命力的表达方式去描述自然生灵万物的存在。塔莎奶奶通过以上的方式来保持对她所认同的青春的维护。

3. 在这段之前，作者介绍了"精神灿烂"的内涵、能带来的好处；"浅薄无神"作为"精神灿烂"的反面状态，作者在这一段中写出了"浅薄无神"给人带来的恶劣的影响、痛苦的后果，从反面让人们意识到如果不能做到"精神灿烂"可能带来的后果，从而对本文赞美与推崇"精神灿烂"产生更加强烈的认同感。

第二章

锋利的纸

爱与宁静曾经来过

雨季来临前，我们照例去楼顶检查一下避雷针。

同行的有一位专业人员。他指着避雷针的针尖部分对我们说："你们看，这避雷针上有多么明显的引雷痕迹啊！这说明在去年的雨季它很尽职地工作，多次将本可能击中这栋高楼的雷电吸引到导体棒上，再经由导线导入大地，从而使这栋高楼免遭雷击。"听他这样一讲，我们不由肃然起敬，围着那枚不起眼的避雷针饶有兴味地观赏起来。

我看着那细细的针体，怎么也不敢相信它曾引走过那么可怕的雷电。如果它有知，那么它在履行自己职责的时候是惊惶的，还是从容的呢？在闪电鞭笞天地，炸雷横扫乾坤的一刻，人与鸟与兽，能逃匿的都逃匿了，只有这小小的避雷针只身站在高处，招手吸引雷电，在遭到命定的电灼雷击之后，依然挺立着，安然迎接属于自己的阳光。

我让视线移开了一些，一低头，居然发现避雷针旁水泥楼顶的缝隙里长着一棵不知名的小草，而那小草上，赫然开着一朵淡黄色的小花！我俯身仔细端详那小花，发现它是复瓣的，蕊小得几乎看不见。与它对视的瞬间，我突然就微笑了。我想，这个画面可真富有禅意啊！它在这个初夏的黄昏撞上了我的心怀，要指望我用怎样的智慧去解读它呢？

我得说，面对这个美好的画面我有一些自愧。如果把我的肉身比喻成一座建筑，我又何尝不需要一枚神奇的避雷针呢？

通过专业人员准确、清晰的讲述，"我"快速了解了避雷针的工作原理，为下文自然而然深入到对自然界、生命的领悟奠定基础。

人、鸟、兽的逃匿与避雷针的坚定值守形成鲜明反差。与善恶的对比不同，人、鸟、兽在面对雷电的反应是非常合理正常、无可非议的，避雷针的可贵与崇高愈加凸显。

"溪花与禅意，相对亦忘言。"一朵小花将现实的所触发的感受，引入心灵深处的生命哲思。

我的雨季均衡地分布在四季，电闪雷鸣是我人生气象的常态。似乎想都没有想过要避雷，"没有风雨躲得过，没有坎坷不必走"——歌里不就这么唱的吗？雷电袭来，就豁命地迎上去，痛了，伤了，哭了，忍了，从来没有想过要改变自己，或者说，一直以为用血肉之躯去亲吻剑锋是一种逃不掉的宿命。每次检点伤痕，都不免生出怨艾与哀怜——怨艾命运，哀怜自我。肉身被摧毁了一万次，每次都是抓住一根稻草挣扎着侥幸逃生……

从今天开始，可不可以试着为自己安装一枚避雷针？不以硬碰硬，也不闪避逃遁，雷电袭来，就巧妙地将它引入广袤的大地，只把闪电看成一次心动，只把雷鸣看成一句表白，巧妙地，将扫荡整个生命的惊悚与战栗置换成针尖那么大的一丁点痛苦；最重要的是，在雷电呼啸着经过的地方，还要竭力雕琢出一朵惊世的小花，越是与苦难比邻，越有心思扮美素淡的光阴，借一朵随时可能凋零的小花微笑地告诉世界，爱与宁静，曾经来过。

我愿，从所有的过往岁月中抽出一根灵透的金属之丝，以境界为砧，以胸襟为锤，淬以智慧之火，精心打造我生命的避雷针；还要提了感恩的喷壶，每日浇灌那一颗遗落在水泥齿缝间的种子，直到看它开出惊世的花朵……

孩子，其实你不必这样

文中表明我并不是这名同学的任课教师，但是依然能够对他的信息非常了解，一方面表明这位同学表现很突出，另一方面也证明这位老师对学生的关心，对教育工作的投入。如此优秀的老师，让读者会更乐于对其讲述的道理产生信任感。

距离高考还有 20 多天了，高三复习进入了白热化的程度。

这天，一个叫程海的高三男生来找我，嗫嚅地说："老师，我写了一篇备考作文，想麻烦您给看看。"我欣喜地接过作文，告诉他说："一点也不麻烦，给你这个高材生看作文，我好荣幸啊！"我不教他，但我一直在留意他。他长得又瘦又小，坐在教室的第一排；他各科的成绩都十分优异，在年级一直稳居前十名；他是"特困生"，三年的高中学费全免。

那是一篇写得挺不错的作文，我很喜欢，就边改边将它敲进了电脑。当我把一篇打印稿交给程海时，他喜出望外地看着我，连声说了七八个"谢谢"。

做课间操的时候，我看着他特别卖力的样子，不由得有一点心疼。我跟他的班主任说："程海这孩子干什么都不会偷懒吧？"班主任说："何止是不会偷懒，他简直就是苛求自己。他生活那么困难，却不肯接受大家的捐助。你知道他怎么买饭吗？二两米饭，半份素菜——从来都是这样的。"我说："高三这么苦，这么累，每天的学习时间超过了 14 个小时，是超强体力劳动呢！他才吃这么点东西，身体非垮了不可！"班主任叹口气，没有说什么。

通过不同人的视角、不同方面进一步完整介绍出程海的信息，为下文我为程海提供帮助进行了合理的铺垫。

第二天，我特意到高三的售饭区等候程海。程海来得很迟，我知道他特别惜时，晚一些来为的是错开排队的高峰。程海往打卡机里插卡的时候，我看到显示屏上清晰地跳出了 41.50 元的

与上文介绍的他抓紧时间学习的特点形成对应。

字样。他买了一份饭，半份菜，还剩下 40 元钱。我和他边聊边往就餐区走。当我确信周围没有人注意我们时，我把自己的饭卡递到程海面前，假装很随意地说："我们交换一下好吗？——别紧张，我需要减肥，你需要长肉，咱们一起努力，到高考那天，你把我饭卡里的钱用完，我把你饭卡里的钱用完，你说好不好？"程海有些手足无措，低声说："老师，我的……钱，够用。"我说："我看见你的卡里还有多少钱了。别让我着急了，咱俩其实是互相成全——好了，把你的卡给我吧。"程海说了声"谢谢"，就和我交换了饭卡。

"我"为什么要特别确信周围没有人才跟他说这番话？文中的这位老师真的是充满细心与爱心，除了关怀学生的身体健康之外，还高度重视学生的自尊心。

　　我的饭卡里存有 200 元钱，足够他这 20 多天用了。那之后，当我去食堂买饭，偶尔遇到往高三售饭区走的程海，我都会向他做一个"V"型手势，鼓励他努力吃，努力学。

看似已经非常自然、平静的经历，让读者对文中老师的精心设计能产生怎样的美好结果充满期待。

　　高考来了。

　　高考又走了。

　　程海到学校来找我，郑重地将饭卡还给了我，并真诚地向我道谢。我也找出他的饭卡，笑着说："我的任务完成得不赖，你可不如我——你看你，还是这么瘦！"程海说："其实我长肉了，偷着长的，老师看不出来。"

程海的谨慎与对老师的感谢是真诚的，他确实是个充满善意的学生。

　　很快，高考成绩下来了，程海考出了 628 分的好成绩。作为关爱着他的老师和关注着他的朋友，我就像又经历了一次自己金榜题名一样高兴。

　　临近放假的一天，我到食堂去买饭。我把饭卡插进打卡机，显示屏上居然显示出了 160 元的字样！我一下子蒙了。我把饭卡抽出来，到存款机那里去查询，结果是——这张饭卡近期没有储过款！也就是说，在高考前的 20 多天里，程海仅仅花去了他"自己"的那 40 元钱！

让现实与读者们以为会发生的结果之间形成鲜明的对比，强烈地调动了读者的阅读兴趣，究竟是什么样的原因让这位同学做出如此的举动？作者会如何面对这样的状况？

我捏着那张饭卡，突然有一种想流泪的感觉。

我看着冷清的高三售饭区，想着那个几乎天天来食堂都要"迟到"的又瘦又小的只买半份菜的男生。我惊问自己：是不是，我在无意中伤害了这个十分十分要强的孩子？

此刻，如果程海出现在我面前，我将对他说些什么？我想我可能会说：孩子，穷，本不是你的错，不要发誓用自己羸弱的身体去给"穷"这东西殉难，它不值得。如果一个人，表示愿意和你并肩迎击困难，你自然可以分析他的用心是否真纯；而当你明白地知晓他原是惴惴地揣了一颗善心，并希望用这颗善心给你取暖的时候，你就应当赐给他一个机缘。在这个世界上，钱永远不是最要紧的东西，如果你以为唯有清算了钱才不至于亏欠他人，唯有捍卫了钱才不至于辜负他人，那你就错了。要知道，有人会把你欣然领受一份善意看成是对他的至高奖赏。他期待着你幸福地体察到他的良苦用心，他也期待着你日后同样成为慷慨地赠予他人温暖的人。

孩子，说真的，我今生将能挣来无数个 160 元钱，而从这无数之中拿出一份喂饱你一生中最不该饥馑的日子，这该是件多么让我欣慰的事！可惜，你没有给我机会，你也没有给自己机会。我们之间曾发生过一个美丽的故事——你给了我一篇作文，我将它敲进了电脑，我们共同创造了一份有价值的记忆。相比之下，如今被我捏在手中的这张饭卡是多么的不幸，它本是想殷勤地编织一个动人的故事的，岂料却留下了一处败笔。

——孩子，你在大学还好吗？买饭的时候，别总去得那么迟，早一点去，可以买到热一些、可口一些的饭菜。

让树根朝着水的方向奔跑

读林清玄的《桃花心木》，十分欣赏里面那个种树人。他将小树苗栽进土里之后，就开始模拟老天下雨的样子浇水，有时隔三天浇一回，有时隔五天浇一回。他不想让桃花心木摸到规律，生怕它因此生出"依赖的心"。有时，他甚至不惜让树苗干渴，"狠心"地辜负它的期待。他的用心十分清楚，那就是，让桃花心木的根学着自己去寻找水源，因为只有这样，它的根才可以扎得深、扎得远，才不至于被狂风、干旱掠走了青绿，才可能长成供人仰视的参天巨木。

如果我们把种树人唤作"狠心人"的话，那么在他的反面则站着一个"好心人"。这个"好心人"的心是棉花糖做的。当他看到一只蝴蝶拼死破茧，他不忍了。他想，那么柔弱的一个小生命，怎能扛得住从蛹的小孔中挣扎而出的痛苦，不如帮帮它吧。于是，他找来了剪刀，好心地帮助蝴蝶将孔洞剪大。蝴蝶得了外力相助，很顺畅地就通过了那个"鬼门关"。但是，由于翅膀不曾通过用力挤压而充血，被救助的蝴蝶彻底丧失了飞翔的能力。

第一个人因深谙植物向水性的特点而智慧地"虐树"，第二个人因深怜蝴蝶的死命挣扎而聪明地"剪蛹"。在太多人心中，智慧即等于聪明；其实，智慧与聪明之间，是永远不可能画等号的。

我不知道天下父母是否从这两则故事中读出了自己。你是

"依赖的心"运用拟人的手法，赋予树木人格存在，对树木的爱，是顺应树木的天性，让树木保持自身属性的特征。

"狠心人"使生命得以更加强劲有力地生存成长，"好心人"却让生命丧失了健康发展的可能性。引发读者的阅读兴趣，对他人的关爱究竟用什么标准去判断好坏呢？引出下文更深入的论述。

（或接近）他们中的哪一个呢？

在大连海边，我看到了这样一座雕像——孩子初见大海，脸上写满惊异；孩子的母亲则背向大海蹲下，为孩子系着松开的鞋带。应该说，这是一座构思巧妙的雕像，它运用了"婉曲"的手法，描摹出了孩子眼中大海的壮阔奇绝。但是，我却在这个场景中温习了太多母亲"爱的习惯动作"。我有个朋友，在任何地方都可以坦然蹲下来为儿子系鞋带。我问她："你为什么不让他自己学着系呢？"她说："他笨手笨脚的，系一个鞋带需要老半天；我给他系，三秒钟搞定！"我说："你要为他系一辈子鞋带吗？孩子系一个鞋带需要老半天，那是因为你残忍地剥夺了他自己系鞋带的权利。如果你给他机会，他系好鞋带的时间一定会越来越短，甚至打破你三秒的纪录也不是没有可能的。但是，每一次你都贪图方便，强行为孩子代劳——他的笨手笨脚，是你一手打造的啊！"

据说一个化学教授选择研究生时，一定要亲眼看他点燃、熄灭一次酒精灯；而许多人恰恰就是在这一关上被斩掉的。我想，一个长到十来岁了还"幸福"地被妈妈抢着系鞋带的孩子，他的手，比脚灵活不到哪儿去，点酒精灯时不引起火灾就得念阿弥陀佛了。

我发现身边热衷"剪蛹"的人可真多啊！他们离那个智慧的种树人实在太远了。"凭什么要我'虐树'啊？与其'虐树'，不如自虐！"——他们会这样叫嚣。有个老人，带着他从美国归来的外孙乘地铁。一上车，老头儿就身手不凡地抢了个座位，外孙刚要指责他"没教养"，不想，老头儿居然把抢来的座位让给外孙坐——为晚辈效忠效力，恰是许多老年人引以为豪的嗜好。

在这尊雕像中，是如何看出母亲的爱呢？系紧鞋带是确保孩子的安全，从而体现出，在孩子走向广阔天地的过程中，母亲对孩子细致的关爱，希望能够为孩子的安全保驾护航。

系鞋带和教授选研究生，看似风马牛不相及的事情，却经由作者的观点建立起密切的联系，引人警醒，对孩子的关爱如果不合理，不能基于孩子自身的能力发展，那么危害是长远的。

"身手不凡""指责"在文中分别是老人和晚辈的行为，荒唐得与常情常理背离，充满了讽刺意味。错误的爱越多越深，产生的危害就越久越深。

有个母亲也曾是个资深剪蛹人，退休后才恍悟自己全心全意为家庭和社会培养了一个极端自私自利又无德无能的渣滓。面对乞求她拿出"鲜嫩的骨头"供自己啃噬的逆子，她哀号："孩子，你搬出去住吧！"我把这个母亲的泣血哭诉打印了好几份，分送给我的同事。我说："吃点'抗慈丸'，别得'爱之病'。"

　　——让树根朝着水的方向奔跑，是我们对树的大爱，也是我们对树的尊重，更是我们对世界的明天做出的贡献。因为我们不能陪孩子一辈子，所以我们不能立志为孩子系一辈子鞋带、抢一辈子座位。在这个星球上，没有哪棵参天大树是凭靠人力浇灌才长到梦的高度的。模拟着老天的样子让桃花心木三旱两涝，这不叫缺乏爱，这叫善于爱。不要被"畸爱"驱使着去充当那个愚昧的剪蛹人，不要让丧失了飞翔能力的蝴蝶痛苦地把我们称作"凶手"。相信吧，那能够按照正确顺序利落地点燃、熄灭酒精灯的人，一定是那个瞬间就能将鞋带系好的人。

多么令人痛心的结局，儿子毫无人性，而这却是由母亲所谓的"深爱"产生的恶果。作者用感情色彩鲜明的词语展现出一场"人间惨剧"。虽然是极端的案例，却能够真正起到令人警醒的作用。

真心爱孩子的人如果被冠以"愚昧""凶手"这样的称呼，对这些人自身也是一种残忍的结果。作者的呼吁情真意切，而又痛心疾首，发人深省。

锋利的纸

生动形象的神态与心理描写，读者心生好奇，这样的一位老师会与学生发生怎样的故事？

课堂上的这一事件，作者运用一系列的矛盾和反转，生动形象地描绘出课堂上的这一事件的种种波折，整个事件的过程确实让人看起来是作者眼中的一场闹剧，感到气愤理所应当。

　　那时，我刚从师范大学毕业，比我所教的学生大不了几岁。面对那些在我看来总试图和我作对的男生女生，我绷紧了脸。"一定让他们知道我不是好惹的！谁敢跟我耍把戏，哼，有他好瞧的！"

　　那天，在我的课上，同桌的一男一女突然搞起了小动作。我不动声色地走下讲台，快步走到他俩跟前，厉声喝道："干什么你们！"女生慌忙用一只手紧紧捂住了另一只手，男生深深地低下了头。我气恼地拽过女生藏掖着的那只手，讥诮地说："有什么见不得人的？给大家展示一下嘛！"女生的手被我高高地举起来——天！那手背上居然在流血！我吓了一跳，但却很快镇定了。我的语气明显地缓和了些："怎么搞的？"女生嗫嚅："是他，不小心用纸划的。""轰——"全班同学都被逗笑了，我刚刚平息下去的怒火经她拿这弥天大谎一煽，又腾地蹿到了天上。我极力压抑着内心的怒火，又问那男生："到底是怎么搞的？"那男生迟疑了片刻，终于鼓足勇气直视着我的眼睛说："我从桌斗里拿出一张纸，不小心蹭着了她的手，结果……""好，好，回答得太好了！"我用气得变了调的声音说，"一张纸能干出刀子的活，照你们的说法，一根粉笔就能当枪使，一个板擦就可以成为航空母舰！——请你们出去，我教不了你们这些大师级的人物！"女生哭了。男生指天画地地发誓说他们刚才说的都是真的："不信，我……我做给你看！"众目睽睽之下，他当真拿来一张纸，用它的一个边狠狠地去划自己的手背。面对这异常荒唐的举动，同学们都抑制不住前仰后合地大笑起来。那男生急得汗都下来了，但手背上却连道白印儿都没有划出，那张无辜的纸却眼看着已经支离破碎了。我不失时机地教训他们道："我最讨厌的就是说谎。不管你们在下面干了些什么见不得人的勾当，都不能用谎言来搪塞我。以后……""可是，"半天没吭声的女生突然哽咽地说，"我的手真的是他不小心用纸划破的呀。"我眼前一黑，险些气晕……

后来，这事惊动了学校"思教处"，两个学生的家长也被请了来，大家齐心协力帮我戳穿了那两个人的谎言，又责令他们写出了书面检查，这样，"纸划破手"的事件才总算告一段落。

再后来，他们毕业离开了校园。

再再后来的一天，我拈着一张普通的 300 字稿纸在办公桌前想心事。无意间，我把纸的边沿顺到了唇边，突然一阵锐痛——我的天！我的上唇竟被薄薄的纸划得淌出血来！我用舌头舔着那腥咸的血水，又用手背去拭，拭着拭着，往事跳到了眼前……我的心尖敏锐地体察到了被锋利的纸倏然划过的痛楚。"怎么会这样呢？怎么会这样呢？"我追问着自己，又满腹狐疑地用纸边对准了唇，一下下地划下去，划下去……多么怪，硬是没有划出一丁点伤痕！我想，那一定是一个极其刁巧的角度吧？温柔的纸张幻化成了残酷的利刃，把不曾设防的肌肤和心灵划得鲜血淋漓……

——呵，岁月深处那两个先我尝到了一张纸的厉害的少男少女哦，让我怎样才能回到昨天，轻轻对无辜的你们说一声：

对不起。

这举动是我在模仿当年的学生的行为，能够始终积极去反思，亲自去体验和经历才会真的明白事实的真相。

利刃作为喻体，既生动形象地写出了当时自己的武断带给学生被误解的伤害，也是对自己的警醒，要牢牢记得曾经的教训，避免未来发生新的错误，造成新的伤痛。

眼睛能看到的爱

那天去一个小花店买花。卖花的女孩听我报出几样花名之后，就转身到储藏室去了。

一阵呢喃细语。

设置悬念，引人入胜。

我想：怎么？老板躲在里面，暗中操纵女孩？——罢了罢了，管那么多闲事干啥！

一会儿，女孩出来了，竟随手带死了储藏室的门。

不合常理的举动，更激发读者的阅读兴趣。

我忍不住好奇心，指着门板问她道："刚才，小姐是在和里面的人讲话吧？"

她浅浅地笑了，说："我是在讲话——在和我的花讲话呀。"

我万分讶异，反问她道："在和你的花讲话？"

貌似是"随便"聊几句，其实话语中充满了对花朵的赞美和喜爱，女孩内心深处的积极乐观，对美好生命的呵护之情表现得鲜活生动。

她一双纤纤素手麻利地忙碌着，眼睛不看我，颊上依然漾着浅浅的笑："是啊——很奇怪吗？我只是跟我的花随便聊几句，告诉这一枝说：你开得这么好，这么艳，我也留不住你了。再告诉那一枝说：你急什么嘛，小骨朵抱得那么紧，再过两天，送你出门也不迟。——就这样。"

"听得懂话的花"具有什么特点？这一拟人手法的使用，让花朵仿佛具备了善解人意的特点，充满了人情味，与下文我的心情灿烂形成紧密连接。

我听得呆了。接过自己的一捧花时，我竟对女孩说："往后，我会常来你这里买花——我喜欢这些能听得懂你的悄悄话的花。"

告别了女孩，一路心情灿烂。不由想起另一个暖人的故事。

一个跑郊区线路的公交司机，每天都是十分快乐地开着车走上那条尘土飞扬的道路的。女售票员逗他道：谁比得上你，天天来赴约会！他幸福地笑着，说：瞧，妒忌了不是？女售票员叹口气说：妒忌还不是白妒忌，世上谁有你这样的好福气哟！

乘客都听得蒙了——怎么，这棒小伙儿在乡野还有个痴心恋人？

车继续颠簸着往前开。在一个小村前，女售票员兴奋地指着前面的一个水塘说：在呢！还不快联系！司机于是按响了喇叭，三声短一声长——显然是某种"暗号"。

所有的乘客都引颈观瞧——老天，竟然是一群白鹅！它们听到喇叭声顿时张开双翅争先恐后地扑拉拉往汽车开来的方向跑，边跑边嘎嘎地欢叫着，犹如一群终于盼来了父母的幼儿园的孩子。

这个与花呢喃私语的女孩和这个约会农家白鹅的司机，让我明白了工作究竟可以带给人几多的快乐。

爱花的女孩，从不怀疑花儿一律长着善听的耳朵。那含苞或怒放的心思，都被女孩一点点地参透，又一点点地分享了。对于她而言，工作早已不仅仅是糊口手段，而是一份滋养容颜的情、一份抚慰心灵的爱。在坎坷颠簸尘土飞扬的乡路上跑车，司机的心中该有多少的愤恨懊恼？如果他一路上骂声连连，大概不会有人怨责他吧？然而，这个棒小伙儿没有；不但没有，他还硬是多了一份在城市大马路上跑车不可能拥有的欢跃。在两边栽种了美丽花树的城市大街上，我听到太多司机在用他们的喇叭表达满心的不耐烦，而这个年轻的司机却在用喇叭抒情！那闻声翩跹而至的白鹅，何尝不是在用忘情的欢叫为那给自己创造了快乐同时又给他人带来了快乐的司机深情祝祷呢？

——倘若你无精打采地烤着面包，你烤成的面包就是苦的，只能救半个人的饥饿；倘若你怨恨地榨着葡萄酒，你的怨恨就

欲扬先抑，用常人的误会引发读者的阅读兴趣。

将欢乐充满活力的白鹅，比作父母来接回家的孩童，生动形象地写出了白鹅与司机之间的深厚的信任，充满美好的情感。

这样的生活态度和生命感悟，能够让更多的人拥有更加幸福的人生。作者通过卖花女孩与应付工作度日的人的对比、用公交车喇叭与鹅互动的司机与"路怒"烦躁的其他司机进行对比，突显出对现实的有效指导意义。

引用诗人的经典诗句，用浪漫色彩的文艺化表达，生动地诠释出情感对于生活历程、生命体验的重大影响作用，富有强烈的感染力。

在酒里滴了毒液。从你的心中抽丝织成布帛，仿佛你的爱者要来穿此衣裳；热情地建造房屋，仿佛你的爱者要住在其中。这段话是纪伯伦讲的。年轻的、健康的生命总是要与"工作"结伴前行的。不要厌恨工作，更不要诅咒工作，学着将一份挚爱融入工作中吧！要知道：用快乐去阐释工作，人生就远离了怅恨烦恼；用柔情去打磨日子，岁月将赠予你无比丰赡的回馈。

永远记着——工作，是眼睛能看到的爱。

世界以痛吻我

世界以痛吻我，要我回报以歌。这凝重的诗句，是泰戈尔的。

我不知道这两句诗的原文是怎样写的，但却觉得翻译得妙。有一回，我的一个学生发来短信，说她被至爱的人辜负得很惨，她写道："我恨他，因为他让我恨了这世界！"我连忙把泰戈尔的这两句诗发给她，并解释说，那所有以痛吻我们的，都是要我们回报以歌的；如果我们以痛报痛、以恨报恨，甚至无休止地复制、扩大那痛与恨，那我们可就蚀本了。她痛苦不堪地回复我说："可是老师，我真的是无歌可唱啊！"

——是呢，世界不由分说地将那撕心裂肺的痛强加于我，我脆弱的生命，被"痛"的火舌舔舐得体无完肤了，连同我的喉咙——那歌声的通道——也即将被舔舐得焦糊了啊！这时候，你却隔岸观火般地要我"回报以歌"，我哪里有歌可唱？

回望来路，我不也有过许多"无歌可唱"的时刻吗？

我曾经是个不会消化痛苦的人。何止是不会消化，简直就是个痛苦的"放大器"。那一年，生活给了我一滴海水，我却以为整个海洋都被打翻了。于是，我的世界也被打翻了。我浑身战栗，却哭不出来，仿佛是，泪已让恨烘干；后来，生活又给了我一瓢海水，我哭了，却没有生出整个海洋被打翻的错觉；再后来，生活兜头泼过来一盆海水，我打了个寒战，转而告诉自己，这不过是一盆海水，再凶狂，也淹没不了岸；终于有一天，生活打翻了海洋给我看，我悲苦地承受着，却没有忘了从这悲

> "要我们"是在对人们提要求。

> 用拟人和夸张生动鲜明地体现出生活的痛苦带给我的伤害，让人困惑：遇到这种苦痛，怎么还可以用美好的方式去面对？

> 一系列的比喻与夸张，验证了我确实经历过生活中很多的苦痛。我也逐步从陷入极度悲伤，再到让自己悲壮去承受，直至可以向别人显示自己无比坚强。

045

苦中抬起头来，对惦念我的人说："我没事儿，真的"……

任何人，都不可能侥幸获得"痛吻"的豁免权。"痛吻"，是生活强行赠予我们的一件狰狞礼物，要也得要，不要也得要。只是，当我站在今天的风中，回忆起那一滴被我解读成海洋的海水的时候，禁不住发出了哂笑。好为当年那个浑身战栗的自己难为情啊！如果可能，真想将自己送回岁月深处，让自己怡然倚在那个"一滴海水"事件上洒脱地唱上几首歌。

唱歌的心情是这样姗姗来迟。虽则滞后，但毕竟有来的理由啊；我更担忧的是，当"理由"被砍伐尽净的时候，我们的歌喉，将以怎样的方式颤动？

从不消化痛苦到消化痛苦，这一个比一个更深的悲戚足迹，记录一个人真正长大的过程。

世界以痛吻我，要我回报以歌。说这话的人是个被上帝亲吻过歌喉的伟大歌者。他以自己的灵魂歌唱。而拙于歌唱的我们，愿不愿意活在自己如歌的心情之中呢——不因"痛吻"的狰狞而贬抑了整个世界；学会将那个精神的自我送到一个更高的楼台上去俯瞰今天那个被负面事件包围了的自我；不虐待自我，始终对自我保持深度好感；相信歌声的力量，相信明快的音符里住着主宰明天的神；试着教自己说：拿出勇气去改变那能够改变的，拿出胸怀去接受那不能改变的，拿出智慧去区分这两者。

不仅仅是如歌的心情，我们甚至还可以奉上自己的"行为艺术"啊！永记儿时的一个夏天，我和妹妹外出突遇冰雹，我们慌忙学着别人的样子脱掉外衣，却不约而同地去对方头上遮挡……世界"痛吻"着太多的人，当你想到分担别人的痛苦的时候，你自己的痛苦就会神奇地减淡。

盼着自己能够说：世界以痛吻我，我要（而非"要我"）

曾经以为的成长体验，作者感到可笑和懊恼，其实，不断地反思和改进，何尝不是一种美好的成长体验？

如何去"歌唱"？作者给出了多个层次的建议，本段是从自身的角度谈做法，与下一段形成全面完整的信息。

如何在经历痛苦后可以用"歌唱"的美好方式去面对，作者还给出了更多的建议方法，就是怀着善意去关怀别人，实现美好的传递。

046

回报以歌！——天气多好哇！连花儿都想唱歌了呀！真想问问远方那个说自己"无歌可唱"的女孩：宝贝，今天可有唱歌的心情？

从"要我"到"我要"，不仅是简单的语序变化，而是一种深层的心态转化，不以自我感动似的承受与对抗去展现悲壮，而是用达观与包纳去实现与自我的和解、对未来的乐观。

隐秘的创伤

多少人的童年都有过类似的经历,以极富普遍性的情节开头,既亲切,又令人心生对下文的向往:如此熟悉的情节背后,有何深味?

原来隐秘的创伤是自己带给自己的,自己一定是要维护自尊的,难怪上文会提到自己隐秘的创伤连最有包容性的亲人都不愿告知。

上小学的时候,跟同学打架,胳膊上挂了彩。回家不敢让暴脾气的外祖父知道,便在大夏天里天天穿长袖衣服,以掩盖伤痕。

发现这段经历似乎有着某种象征意义,是多年以后的事。

总是被伤着。身上有太多隐秘的创伤。即便是最亲密的人,也不能或不便相告。

起初的时候,根本没料到自己是奔着一个伤口去的。欢天喜地地,向着惹得自己心动的方向进发了。那快乐自然也是隐秘的,没想到要与谁分享。只是自己的口与自己的心频频对着话,有意让其中的一个站到另一个的对立面去讥诮嘲讽她,劝她回头,但另一个却是才思敏捷,牙齿伶俐,几句话就把那个挡道的东西给撂倒了。明知道自己原是偷偷偏向着那个一心思谋着做傻事的自己,却奈何不了她,只好由她去了。

看山不再是山。想回头,却止不住惯性的脚步。

必然的创伤必然地来了。

巧妙的比喻,生动形象地再次诠释出隐秘的创伤是如何给自己带来不可言说的苦痛。除了伤痛本身,还要承担自尊、倔强带来的另一种只能自我消化的痛。

四周全都是人。我突然就流泪了。蹲下,假装靴子出了问题。把一个装饰扣祥,解开又扣上,扣上又解开……真怕此刻有个不长眼的家伙热忱地陪我蹲下,殷勤地问:"喂,需要帮忙吗?"

以为下一次能长记性。可是偏不能。

捧出一颗心,任小鸟来啄。小鸟当真来啄了,才知道心痛到底是怎样一种况味。

夜来，无眠。悄悄检点自己隐秘的创伤。总想用高傲命名自己的灵魂，可在一个特别的时刻，她却甘愿与卑微为伍。她不惜降低自己，为的是衬出一朵花的美丽。她的痛苦多源于对世界要求的过分——在春天之外再要一个春天，在少年之后再要一回少年。被回绝的时刻，她不禁莞尔，身上，却分明有了伤痕。

"你是因爱受伤。"——她这样对自己说。她想起了自己面对一份爱曾是多么的嘴硬，她说："我不爱你，我只是爱上了爱你的那种感觉。"那种感觉，是抛撒着玫瑰花瓣走在刀锋上的感觉。痛，瞬间从足底传到心尖；她却强令自己笑靥如花，衣袂飘举，在纷飞的花瓣雨中走成一个快活仙子。多少年，一心巴望着有人能睁开第三只眼看到自己身上隐秘的创伤。"如果有人猜到了，索性就朝他和盘托出！"终于遇到一个也有着隐秘创伤的人，但是，在得知了伊人内心的秘密并陪着伊人慷慨垂泪之后，伊人向她索要故事，她竟恬然背叛了自己。——能够诉人的，伤得浅；不能诉人的，伤得深啊。

战战兢兢地跟自己说：遍体鳞伤之后，便再没有可伤之处了吧？哪知这回又错了。因为，同一个地方，居然可以反复承载创伤……

那一天，跟一个小我 11 岁的女孩对聊，发现她竟是个可遇不可求的听者，便毫不隐讳地告诉她说："我的生命史，就是我的受伤史啊……"她听了浅浅一笑，说了一句日后被我反复微笑着忆起的话："妙人儿大都如此。"

"春天"和"少年"，她的愿望有什么共性？都是出于对美好的追寻，都是对生命活力的推崇。

"恬然"是指满不在乎的样子，不是对谈话方的不在乎、不尊重，而是对自身经历的哀伤与痛苦是否能被他人理解的不在意，对自己曾经想要向对方倾诉痛苦这一念头的放弃。

内心最深处的创伤与哀痛，因为被自己赋予了更多更深刻的意义，而变成了属于人生不可或缺的部分。说出它来并不是期待别人对自己进行宽慰，去消除这份创伤存在，而是期望能遇到同伴、有共鸣。

让生命在每一刻都说出得体的话

很好的秋日阳光，空气中弥散着迟开花朵的芬芳。我站在一个儿童摄影棚前等人。突然，一个小女孩把童车骑到了我跟前，险些撞到我。我赶忙躲她，不想她竟追过来。我只好无奈地冲她笑了。她也冲我笑——一个仙子般的小姑娘。"阿姨，"她指着儿童摄影棚外墙上足有两米高的巨幅照片对我说，"这是我。"我这才注意到，原来，这骑童车的女孩竟是那巨幅广告上的小模特！我看看照片，再看看身边的女孩，不住地夸说"漂亮"。女孩得意得不得了，头摇尾巴晃的，像条欢快的小狗。

我不由想起了发生在南怀瑾大师身上的一件事。有一回，南怀瑾乘火车从台北去台南，身边坐了一个年轻人，捧着一本书入神地看。南怀瑾瞟了一眼他手里的书，随口问了句："有那么好看吗？"年轻人做出了肯定的回答，并说自己一直十分喜欢读这位作家的作品。南怀瑾说："哦。那我回头也买一本来看看。"——那本书的作者正是南怀瑾。

我喜欢女孩不依不饶追着我这个陌生的"阿姨"，邀宠般地告诉我说那墙上的照片就是她，她说破，是因为她透明；我也喜欢南怀瑾不曾道出自己就是那本"好看"的书的作者，他缄口，是因为他蕴藉。

我不能接受女孩抛却一派天真、扮演大师的深沉；也不能接受大师抛却沉静内敛、扮演女孩的单纯。

我愿意拟想，大师也曾拥有无饰无邪的童年，愿意将自己的美事、乐事、幸事张扬天下，不惧人讥，不怕人妒。就像花不会藏掖自己的芬芳，透明的心也不会藏掖自己的景致。那么没道理，那么没章法，反正就是让童车冲到你脚下，纠缠着你，迫着你唱赞美诗。这让你很便捷地就怀了一回旧，你生了锈的感觉在一颗开花的童心面前一下子生动起来，摇曳起来。

我更愿意拟想，女孩将一步一步修行，直到学会对着岁月深处那个急煎煎向路人炫耀自我的女童发出不屑的哂笑。南怀瑾大师特别看重生命的"庄严感"，庄严的生命必是摒弃浮华、拂去尘屑的。一个拥有了美好的"精神目标"的人，断不会热衷于在生活的大海中钓取廉价的恭维与褒扬；只有虚妄的心，才会那么黏，总是试图粘住更多激赏的目光。

行走世间，我多么希望自己有一双善于撷取的手。撷取了天真，就在这一刻欢悦吧；撷取了内敛，就在这一刻凝思吧。而在这两个故事的连接处，我愿意试着绣上自己细密的心思——告诉自己，或许，这一边，正是我渐去渐远的昨日；那一边，恰是我愈行愈近的明朝。揽万物以为镜，窥见自我一息一变的心颜。不是所有的"可爱"都适宜窖藏，此时的口无遮拦，彼时可能就变成了庸俗轻浅。风度，往往与一个人自知度呈"正相关"。对一个个体生命而言，没有恒久不变的"一派天真"，也没有与生俱来的"沉静内敛"。自觉修行的生命，会在每一刻都说出得体的语言，不造作，不夸饰，不张扬，在熨帖中开出最美的花朵。

假想深沉老者曾经的天真，畅想天真女童未来的成熟，天真与深沉谁都不是主宰，生命的动态成长才是常态，而且生命状态的多样性值得尊重，有成长，有回环。作者阐释出这种生命的多姿多彩，恰是对人生最大的尊重与最真挚的期待。

作者在文中所体现的主旨，并不是指得体要去迎合某种标准，那是做作的、不合宜的。真正的生命的得体，是始终尊重内心的感受，尊重生命的变化与成长，与人心人情、人生人性相匹配。

吃苦趁年华

一个即将毕业的高三学生拿着留言簿来找我，希望我为他写一句勉励的话语。我思忖了一下，提笔写了五个字——吃苦趁年华。

我知道，这个留言簿里挤满了热切、美好的祝词——祝你成功！祝你顺利！祝你幸福！祝你甜蜜……大概，也会有风雅一些的祝词吧，比如"行到水穷处"，比如"坐看云起时"，比如"诗酒趁年华"。但我，就是要真心实意地祝你——吃苦趁年华！

世界上没有白吃的苦。吃苦就是吃补。苦中藏福。这些句子，都曾做过我文章的题目。我是吃着苦走过来的，我儿子是吃着苦走过来的。我以为，在人生的青葱岁月里吃苦，恰是锦上添花、烈火烹油。

苦是什么？首先，苦不是让你"咬得菜根，百事可为"，今天，有绿色无污染的菜根可咬，当是人生大福了呢！苦，是不期然闯进你内心去的不良况味，是不爽，是不顺，是不滋润。

2017年6月，美国首席大法官约翰·罗伯茨在他儿子的毕业典礼上为儿子和儿子的同学们呼吁过一些"苦"——

我希望你在未来岁月中，不时遭遇不公对待，这样你才会理解公正的价值所在；愿你尝到背叛滋味，这会教你领悟忠诚之重要；愿你偶尔运气不佳，这样你才会意识到机遇在人生中的地位，进而理解你的成功并非命中注定，别人的失败也不是天经地义；当你遭遇失败时，愿你受到对手幸灾乐祸的嘲弄，这才会让你理解竞争精神的重要性；愿你偶尔被人忽视，这样你才能学会倾听；遭受适当的痛苦，那样你就能拥有同情心；无论你我愿不愿意，这些迟早都会来临。而你能否从中获益，取决于你能否参透人生苦难传递的信息。

除了他列举的这些不公、背叛、背运、遭嘲弄、被忽视、蒙痛苦之外，你还可以试着再补充一些：被亏待、被鄙视、被排挤、被怀疑、被诋毁、被围攻……总之，都是一些你避之唯恐不及的东西。

正像约翰·罗伯茨不是积极为他儿子驱逐而是热切呼唤上述种种不顺不爽不滋润一样，我也切望你在大好年华里不避苦味、迎苦而上。

孩子，这不是诅咒，这是真正的祝福。

不要总试图活成别人，不要总试图活成超人。"佛系"是逃避，"神系"是自嗨，"魔系"是装狠。活出个人样儿来吧！在输得起的岁月里，就要畅快淋漓地输它几回。输过，才能获得可贵的精神免疫，才能在向晚的风中站成一座不可撼动的雕像。

一个医生朋友曾告诉我说，骨折后，愈合处会慢慢结骨痂，而骨痂，比骨头本身要坚固数倍！我暗想，那骨痂，可真是无愧那一场撕心裂肺的痛啊！

"一帆风顺是另一种不幸""别在最能吃苦的年纪选择安逸"，这些话，你能真正读懂吗？锦绣年华，事事顺当，不知苦为何物，不知痛为何物，"抗挫力"自然要知趣地蜕化；然而，就在你误以为人生恍若一块方糖时，苦，猝不及防地偷袭了你，一滴苦，也会被你解读为无边苦海，因为你丝毫不具备对苦的免疫力。

《反脆弱》一书的开篇写道：风能吹灭蜡烛，却会使火越世间万物都是辩证的存在，此处精妙的比喻，用生活中常见的风、蜡烛等事物的关系，生动形象地诠释了这一道理。

烧越旺！风，是蜡烛的克星，却是火的福星。这多像苦，它倾覆了弱者，却成全了强者。

吃苦趁年华。你愿意将这五个字送给自己和自己深爱的人吗？

今天天鹅不想飞

和朋友一道去"鸟语林"，很晚了才回家。先生问：今天玩得开不开心？回答说：也开心，也不开心。先生细问原委，我便告诉他说：开心，是因为看到了鹦鹉在游客高举着人民币的手臂森林中聪明地认出并叼走了仅有的一张百元大钞，还看到了饲养员指挥着一群灰鹤跟着《东风破》的节拍翩然起舞；不开心，是因为所有的天鹅全都"罢飞"了，任凭怎样用树枝轰、用食物逗，它们就是不飞！不飞！哼！

先生笑了。说：谁规定的天鹅一定要飞给你看呀？它们有选择不飞的权利。别总是以自我为中心，觉得飞鸟游鱼一定得按照你欢喜的样子表演给你看。鹦鹉叼百元大钞的时候，你很开心，可它未必开心；灰鹤被迫跳《东风破》的时候，你很开心，可它未必开心。只有天鹅，它选择了开心，你却因此而不开心。上帝创造他的花园时，原是想让万物都成为中心的——一个生命，按照自己的意愿开心地活着，并且和其他生命发生着美好的联络。可骄傲的人类，却违背了上帝的意志，错以为世界仅有自己这一个中心，他要花以自己喜欢的姿态开放，他要果以自己喜欢的样子生长，他要鱼省略掉必要的生命环节，他要鸟按着他的吆喝声飞起或降落……他想指挥一切生灵，他想让所有的生命都来讨好他、取悦他。你记着，世界被扭曲的时候，人类也已畸形。

听着先生的说教，我那被天鹅惹恼了的心渐渐平复下来。

鹦鹉与灰鹤能够进行精彩的表演，而天鹅却连基本的飞翔都不愿让观众看到，都是禽鸟，却有巨大的对比反差，吸引读者关注，想要去理解背后的原因。

多么有新意且有心意的观点表达。飞鸟游鱼也是生命,也有自己的感受，人们在意自己感受的同时，是否关注过它们的感受呢？

人类以为优于万物，以自我为中心，而"畸形"警示世人，这样的心态多么危险，引起读者的强烈兴趣。

其实，在我内心深处，还有一个更卑污的念头，是我羞于对先生明言的——今天去"鸟语林"聆听鸟语，原本是我提议的。当初有人反对，我以"我曾在鸟语林目击了天鹅飞！"为由说服了反对者。大家于是跟了过来。天鹅不飞，我便感觉甚失面子。我带着一份可耻的羞恼，背着饲养员去轰那些不争气的天鹅，但是，它们硬是抗议般地鸣叫着，弃我而去。

——坦白地讲，我的火气其实并不仅仅来源于气恨天鹅的不懂得阿顺或献媚，我的火气更来源于自己骄横的虚荣心。我不允许在我郑重"预告"了天鹅飞之后天鹅却集体"罢飞"。天鹅飞起来是美丽的，我很愿意说自己本是希望和朋友分享这美丽的；可在那焦灼的一刻，我甚至宁肯天鹅为我们表演世间最丑陋的飞翔——只要它肯飞，只要它肯遵从着我的意志"show"给我的朋友们看。

没有去想，天鹅们是否也有个约定，它们打算利用今天的时间回忆飞、总结飞、设计飞、拟想飞……

——今天天鹅不想飞，那么，我想，上帝一定会微笑着，准许它们散步。

世间万物的美丽，存在于外形姿态，更重要的是存在于形与神的协调与匹配、行动与内心的和谐。而我强硬地去让事物展现我以为的美，却忽略了它真实的感受，使其丧失了生命本真的个性。

运用拟人，联想到天鹅的内心世界，换位思考得到更大格局的情怀：将心比心，尊重生命，才是对美的真正理解与欣赏。爱的前提是尊重，欣赏的前提是承认其存在的独特价值。

阅读与练笔（二）

阅读理解

《爱与宁静曾经来过》

1.本文讲述了一次由检查避雷针而引发的对于人生的感悟、思考，而且避雷针这一形象贯穿了全文，但文章以《爱与宁静曾经来过》作为标题，而没有使用《避雷针》作为标题。请结合文章内容，谈谈你对这一设计的理解。

2.在第五自然段，作者说在看到淡黄色小花之后面对眼前景象感到"有一些"自愧，请概括作者为什么会有这种感受？

3.文章结尾段中说"以境界为砧，以胸襟为锤，淬以智慧之火，精心打造我生命的避雷针"，请结合文章内容，谈谈你对这句话的理解。

《孩子，其实你不必这样》

1.作者为什么用"高考来了。""高考又走了。"这样两个极其简短的自然段，来体现高考这一件在大部分人眼中非常重要的大事？

2.请概括作者在重新拿回自己的饭卡看到余额后"想流泪"的原因。

3.文中的学生辜负甚至误解了老师的用心，而在文章的结尾处，老师还在表达对这名同学的关心。你如何理解作者设计的这个结尾？

《让生命在每一刻都说出得体的话》

1.通读全文，请概括作者认为"得体"的含义。

2.在本文中，作者讲述了两个事例，主人公分别是一个小女孩和国学大师南怀瑾先生，请分析作者为什么要选取这样两个事例？

3.在文章结尾段，作者提到"绣上自己细密的心思"，你如何理解作者的这一想法？

邀你试笔

1.人生中，无论是正值顺境得势，还是深陷逆境困顿，人们都需要有自立自勉、奋发图强的精神来支撑，青年更应如此。

请以"青年当自强"写一篇作文。文体不限（诗歌除外）。

2.每个人在成长的道路上都遇到过诸多困难与挑战，也总会有人像夜空中明亮的星一样指引了人们前进的行程。

请以"黑夜里的那颗星"为题写一篇作文。文体不限（诗歌除外）。

3.著名文学家列夫·托尔斯泰曾说："人生的一切变化，一切魅力，一切美都是由光明和阴影构成的。"

请根据你对这句话的感悟和联想，写一篇文章。自定立意，自拟标题，文体不限（诗歌除外）。

"阅读理解"参考答案

《爱与宁静曾经来过》

1.《爱与宁静曾经来过》作为标题更符合文章的主旨。本文以避雷针作为线索，引发的是作者对于经历磨砺、考验而最终收获成长的生命感悟。"爱与宁静"是磨砺、考验这样的艰辛给予生命的价值与意义，"曾经来过"体现了作者对像避雷针一样无惧生命的艰辛，获得生命的成长与财富这种思想智慧的肯定与赞美之情。而以《避雷针》为题，只是写出了表层的与避雷针相关的现实情节。

2.在毫不畏惧甚至迎接雷电的避雷针旁还有生命萌发，展现出了生命巨大的韧性、顽强的力量，同时却又非常淡然、美丽，让"我"这样面对生命中的波折与苦难难免感到慌张、恐惧的人感到惭愧。

3.这句话的意思是：把人生的格局、眼界作为自己生存、成长的基础，把包纳各种艰难险阻、挑战磨砺作为自己发展的考验、推动力，再用智慧的思考、感悟去提升自己的认识与理解，用心让自己的生命也具有像避雷针一样能够从容面对甚至勇于迎接波折、挑战的能力。生动形象地表现出作者对这种生命状态的赞美与向往之情。

《孩子，其实你不必这样》

1.高考在很多人眼中是非常重大的事件，而作者轻描淡写地一笔带过，可见在文中这位老师眼中，有比高考更加重要的事情，比如学生的身心健康等。

2.我看到这位学生的饭卡花费，发现他并没有接受我的帮助，意识到他在如此疲累的复习阶段过得非常艰难，对他所承受的艰辛的心疼，让"我"想要落泪。

3.在不被理解的情况下，这位老师依然真诚地关心同学的生活起居，更加突出老师之前对学生的关心是非常纯粹的。这位学生确实是误解了老师的善意，错过了人与人之间非常真诚的关爱之情，老师对孩子的祝福，也是希望他在未来可以通过敞开自己的心扉感受到更多的温暖。

《让生命在每一刻都说出得体的话》

1.根据本文内容，"得体"应该是指在真诚、不刻意不做作的基础上，与自己的年龄、人生阅历、认知水平相匹配的话语或行为。

2.小女孩和南怀瑾先生在年龄、事业成就、社会地位等方面有着巨大的差异，但是他们在各自的条件下都做到了"得体"，产生了良好的效果，使作者所主张的关于得体的必要性、意义价值更加具有普遍性，更有说服力。

3."绣"这个动作非常精细，小女孩的年幼，和南怀瑾先生的阅历丰富之间，正是人们生活成长的完整历程，表明作者要把保持真诚、适度得体这一原则用"绣"的方式贯穿生命历程的始终，体现出切实遵循又谨慎珍视的态度。

第三章

君心可晴

在微饥中惜福

开篇设问，引出下文，激发读者兴趣。

突然问了自己一个问题：有多久没有饥饿感了？

我回答不上来，大概有好久好久了吧。总是饱饱的，来不及等到饥饿感光顾，就又开始吃东西了。我是一个热爱食物的人，尤其热爱谷物。看到减肥的朋友米面丝毫不敢沾，内心充满了对这些"饥民"的同情。

插叙祖父年轻时外出讨饭饿死的故事，展现了祖父那个时代人们饱受饥荒困扰的情形，表达了我的悲伤和同情，也与下文"仇饭""饕餮一族"等现象形成对比。

听母亲说，我的祖父在年轻的时候外出讨饭，饿死在了路上。我常常抑制不住地揣想那悲惨情形，恨不得穿越时光跑到我年轻的祖父身边，递给他一个神圣的馒头。我的母亲也曾饱受饥饿之苦，她说："有一回，我跟你二舅饿得要晕过去了，就一人喝了一碗凉水吃了两瓣蒜。"

我的母亲捍卫起过期食品来十分卖力。我要扔掉一袋过期饼干，她连忙夺过去，打开袋子，三块三块地吃，边吃边说好吃。我再执意要扔掉某种过期到不像话的食品，她就急了，说："我也过期了！你把我也扔了算了！"

挨过饿的人，对食物怀有一种近乎畸态的珍爱。

将老红军的回忆和小女孩的不解形成对比，表现了生长在物质丰厚年代的小女孩对食物的漠然，引出下文作者对该类社会现象的思考与批判。

电视上一个老红军回忆说，爬雪山、过草地的时候，他们吃皮带充饥。妹妹的孩子好奇地问："皮带怎么可以吃呢？"妹妹说："因为是牛皮的吧。"妹妹的孩子继续追问："那他们为什么不吃牛肉呢？"——这个孩子一向视食物如寇仇，以她现有的理解力，断不会明白人何以可以饿到吃皮带的程度的。

目下，"仇饭"的孩子可真多啊。蒋雯丽在一个广告中对她的"女儿"发飙，因为女孩把盛了白米饭的碗狠狠地推到了一边。还有一档电视节目，索性就叫"饭没了秀"，用这样一个名字鼓励想上电视或想看电视的小朋友好好吃饭。有个老教师跟我诉苦："早些年，我跟学生们说，今天你不努力学习，明天你就没有饭吃，他们就乖乖低头念书了；现在，我再这么说，他们居然鼓掌欢呼说，没饭吃才好呢，谁愿意去吃饭！"

从自己身边人的故事转向对社会普遍现象的思考，使文章有了现实针对性。

在这些"仇饭"孩子的对面，站着一些同样令人担忧的孩子，我管他们叫"饕餮一族"。我有个朋友的孩子，酷爱肯德基的炸鸡腿，一顿可以消灭6个。他的父母向我们描述起可爱的宝贝连吃6个炸鸡腿时的情形，仿佛在夸耀一个战功赫赫的将军，崇敬之情，溢于言表。可怜这个小胖墩，刚刚过了13岁生日，却已是个资深脂肪肝患者了。

仇饭与饕餮，都是对饭的不敬。

将"饕餮一族"与"仇饭"现象对举，这两种现象的表现不同，但都反映了年轻一代不珍视食物的心理，引出下文作者对现实问题的思考：仇饭与饕餮，都是对饭的不敬。

有一次，我和一位姓刘的女士对坐用餐。我们吃的是份饭。面对一个馒头和一荤一素两个简单的菜，刘女士双手合十，闭目默祷。我拿起的筷子倏然停在了空中……她吃得那么香甜，我甚至怀疑是她的祷告词为那寡淡的菜蔬添加了别样的滋味。据说僧人用斋时要"心存五观"："计功多少，量彼来处；忖己德行，全缺应供；防心离过，贪等为宗；正事良药，为疗形枯；为成道业，应受此食。"用斋亦如用功，不可出声，不可恣动。

我常想，对寻常的一蔬一饭都怀有神圣感的人，一定不会漠视造物的种种赐予吧。

听一个医生说，适度的饥饿感是有益健康的。他说，人在不饥饿的时候，巨噬细胞也不饥饿，它便不肯履行自己的职责；只有人有饥饿感的时候，巨噬细胞才活跃起来，吞噬死亡细胞，扮演起人体清道夫的角色。他甚至说："饥饿不是药，比药还

引入医生对饥饿的认识，用理性的观点照应作者先前感性的体会，再次印证了适度饥饿对于建立神圣感和幸福感的重要性。

重要。"被饥饿感长久疏离的我，多么想要这样一种感觉——饥肠辘辘之时，捧起一个刚出屉的馒头，吃出浓浓麦香。

尼采说："幸福就是适度贫困。"一部分先富起来的国人听到这话肯定很不爽吧？他们可能会骂尼采在胡说，骂他吃不到葡萄说葡萄酸。——我们好不容易富起来了，你却跟我们扯什么"适度贫困"，去你的吧！

食物富足了之后让人适度饥饿，跟钞票宽裕了之后让人适度贫困一样惹人不快。曾几何时，贫困和饥饿恣意蹂躏无辜的生命；今天，走向小康的我们还不该报复性地挥霍一番吗？就这样，浅薄的炫富断送了必要的理性，餐桌上的神圣感迟迟不肯降临……

我多么喜欢为母亲炒几个可口的小菜，再陪她慢慢吃。那么享受，那么陶醉。我知道我总是试图替岁月偿还它亏欠母亲的那一餐餐的饭。菜炒咸了，母亲说正好；菜炒煳了，母亲说不碍。我带着母亲下馆子，吃完了饭打包，她跟服务员说："除了盘子不要，其余都要。"

以反问的方式作结，在形式和内容上都与文章开头形成照应，重申对食物保持敬畏、感恩的重要性，升华主题。

在物质极大丰富的今天，为了铭记伤痛，为了留住健康，为了感谢天恩，我们太应该唤醒自己对一蔬一饭的神圣感，在珍爱中祝祷，在微饥中惜福，在宴飨中感恩——不是吗？

母亲的报复

这次回家，跟母亲拉呱，说到"深泽庙会"，母亲又提起了"菏泽丐帮"："好多年不来赶庙会了，也不知道他们咋样了……"我听了大吃一惊，问母亲："你还惦记着他们呢？我真服了！"

为了我们家跟菏泽丐帮那点事，我还曾写过一篇文章，题目是《我家的"丐帮"亲戚》。许多人读了之后问我："那是真的吗？你家真的是菏泽丐帮的集散地吗？"我笑答："千真万确！"

1978年深泽庙会期间的一个傍晚，一个瘸腿的乞丐（后来我们知道了他原来是"丐帮帮主"）来到我家门前，开口就喊我母亲"姑"。他对我母亲说，他是山东菏泽人，胡乱吃东西，吃坏了肚子，看能不能给他找几片黄连素。母亲不但找来了药，还倒了一茶缸子热水，嘱那人吃下。"帮主"看我母亲是个和善的人，就提出在我家柴棚里借住一宿。母亲自然应允……

就这一声"姑"、几片黄连素，掀开了我们家与丐帮交往的伟大历史！丐帮一传俩、俩传仨，一大群人呼啦啦都跑到我家柴棚来住。他们若是讨要来了饮料、水果，居然要孝敬"姑"。有一回，我可爱的小侄子飞奔回家，激动万分地告诉家人："我在街上看到我要饭的爷爷他们了！"有时碰上我父亲、弟弟干活缺人手，他们也会七手八脚地帮忙。1993年，我家翻盖了房子，柴棚成了厢房，"帮主"他们舒服地住在里面，风雨不动安如山。2003年，我弟弟、弟媳大手笔，拆了旧房，起了四层

"深泽庙会""菏泽丐帮"是较为陌生的名称，以此开篇，设置悬念，激发读者兴趣。

"伟大"一词，既写出了来家里丐帮的人数之多，规模之大，也写出了母亲对他们的帮助之深，表现了母亲的善良慷慨，表达了我对母亲的崇敬之情。

请注意这个美好的称谓。小侄子对丐帮人的称呼已是"爷爷"，侧面表现出了母亲与丐帮的来往之密切，与丐帮的相处之美好。

067

大楼，"帮主"他们见此光景，知趣地走开了，但是，母亲不依不饶，非要让他们住进来——在三层阳面，特意给他们预留了一个大房间……

我跟母亲说："那个帮主，虽说叫你姑，可实际年龄比你都要大吧？你想想，你都是80岁的人了，他们怎么还能跑得动？再说了，这些年日子越来越好过，他们很可能已经过上了富足的生活，用不着到处跑着要饭了。"母亲说："也是。可年年一到庙会，这心里头就想起他们来了。唉，你说，挂记他们干吗？"

——我明白，劝也白劝，母亲的心中有一个位置，就是专给"帮主"他们留的。她对丐帮的惦念，差不多是一种难以违逆的宿命。

插叙母亲小时候讨饭的故事，揭示了母亲对乞丐格外关心的原因，表现了母亲的善良，表达了我对母亲的钦佩之情。

我外祖母生了6个孩子，我的一个小舅舅在很小的时候就夭折了。家境困难到令人无法想象。母亲说，她和我那几乎要饿晕了的二舅去到一户富裕人家讨饭，一个恶汉在大门口叉腰道："走吧走吧，没有吃的了！"可是，母亲分明看到他家窗户下面有一筐箩高粱，母亲就提出要点高粱，恶汉说："给了你们，猪吃什么！"在饿得实在扛不住的时候，母亲居然和二舅每人吃了两瓣蒜（家中唯一可吃的东西），喝了一点水……每当母亲跟我们姐弟讲到这段往事，她眼里都会转动泪花；而我，被那兄妹俩"喝凉水、就蒜瓣"的惨景一次次击中，心头的苦辣蜇痛了双眼。真恨不能穿越回岁月深处，带那可怜的兄妹俩去吃一顿大餐。

一直想问问母亲，当年，她给"帮主"找药倒水的时候，是不是想到了自己在恶汉家门前遭受的冷眼和羞辱？母亲会不会有一丝庆幸——她终是寻到了"报复"那不堪回首的往事的一个好机缘！于是，她温柔地对待"帮主"他们，就像对待自己失散多年的亲人。每次翻盖房子都事先想到如何安置那些每年秋天候鸟般飞来的"穷亲戚"。母亲多么善于"报复"啊！她跟每个脏兮兮的乞丐都热络得要命，听着年龄跨度至少有 20 岁的一伙子人争先恐后地"姑""姑"地唤她，她内心的喜悦都跳到脸上，开出花来。

——在远离母亲的城市，每当听学生们背诵《弟子规》中"勿谄富，勿骄贫"的时候，我都会在心中说：我的母亲，为"勿骄贫"给出了一个"满分+"的答案呢！命运曾那样亏待母亲，但母亲却有能耐将吞下的苦悉数酿而为蜜，再用这蜜去慷慨滋养他人。母亲的"报复"，竟是这般高妙！身为她的长女，我叩问自己：我该怎样修心，才配得上做她的女儿？

对自己的叩问，也是对读者的发问，以此作结，留给读者广阔的思考空间，余韵悠长。

一眼千年

开篇呈现故事矛盾：母亲怀中的孩子号哭，香艳少女表达了厌恶，推动情节发展和作者思考。

坐在从唐山开往石家庄的高铁上，邻座是个香艳少女，邻座的邻座是一对母女。被抱在怀里的孩子2岁左右，竭力号哭，哀求妈妈"下车"。香艳少女毫不掩饰自己的厌烦，不断夸张地叹气，且将身子尽量地扭向我这边。

百无聊赖的我，从旅行箱里摸出了一本书——一本名为《孩子们自己写的诗》的书。管它是啥书，只要能屏蔽眼前的哭声和叹气声就好。

一些纯真稚嫩的句子，五彩泡泡般从书页里飞了出来，我忙伸手去接，定睛看时，却忍不住笑出了声。

这是一个叫茗芝的7岁小女孩写的诗，题目是《狮子》——

母狮子呀

你的儿子

怎么一到城里

都变成了石狮子呀

这天籁般的诗句，大概只有孩子才能写得出。她问那八面威风的母狮子，你的儿子怎么半点都没得到你的真传呢？似乎，小女孩自己又给出了答案——儿子们进城了！进城之后，儿子们野气全无、神气全无、生气全无，它们被彻底"驯化"了，成了没脾气的狮子。它们的雄心和吼声被禁锢在石头里，甘心冰冷，

070

甘心缄默。虽说它们温顺到任由小鸟在头上拉屎，却要靠母亲的声威为那大户人家提精神、壮门面。

——小茗芝，我的心，被你的诗俘虏了呢！

我的笑声惊动了香艳少女。她侧过脸来，狠狠地剜了我一眼。

我继续读诗。

读到黄安洋《被一脚踹飞的日子》时，我的手，翻不动书页了——

父亲腰椎出了问题

走路不得不拄根拐杖

我跟在他后面

看他一顿、一顿地走

突然很怀念

被他一脚踹飞的日子

好的文字，会诱你把自己放进去。让你以为，它说出的，恰是一直困在你心中的话语。

想起了我的小舅。每次见他，我都无比犯怵，因为，他最擅长的，就是跟你耍性子、甩脸子。他是个特别透明的人，半点都不会藏掖自己的情绪。我大舅曾这样批评他这个小弟："一辈子长不大！"如今，那个一辈子长不大的、曾被我的大学老师误以为是我同学的小舅已与我阴阳两隔，纵然我寻到遥远天边，纵然我奉上大把金钱，也求不到小舅再向我要一回性子、甩一回脸子了……

若不是那个香艳少女的放肆回顾，我竟没有察觉自己居然

在读诗的过程中插入少女与作者的互动，将少女嫌弃的态度与孩子唯美的诗句形成比较，反衬出孩子的纯真心境难能可贵，表达了作者对诗歌的喜爱、对孩子的羡慕。

在哭……

　　我读过的诗，大概可以装满一火车了吧？许多大诗人的诗，都是过眼不过心，读与未读又有何区别？倒是这小孩子笔下纯真的小诗，一下子，搔到了我灵魂深处的痒，一眼千年，让人不敢忘、不能忘。

　　邻座的邻座，小女孩的哭声还在继续。孩子，纵情地哭吧，这样的真纯表达，这样的天籁之音，不久就会被上帝没收了去……

"搔痒"一词，本义指挠痒痒，在此处指缓解焦躁、慰藉心灵，写出了小孩子纯真的诗慰藉了作者灵魂深处的渴望，让作者的心灵得以宁静，表达了作者对孩子作品的喜爱与敬重。

为你，我说过多少颠三倒四的话

一天，儿子突然对我说："妈妈，你跟我说的好多话，听起来都是自相矛盾的。"

我愣了一下。是这样吗？怎么会是这样？

嗯，好好想一想，为你，我究竟说过多少自相矛盾的话？

——我说："你要多吃一些啊！"我又说："你可别吃得太多啊！"总企图让你吃遍世上珍馐，又担心你不懂得节制，吃坏了身型吃坏了胃。出差的时候，习惯带一些当地小吃回来，哪怕你在万里之外，哪怕你半年之后才能回家，那也要放在冰箱里，等你回来吃；而当你父亲连篇累牍地往你碗里放红烧肉时，我竟会抢过来一些，怨责道："别给他那么多！"

——我说："你要快点走啊，千万别迟到！"我又说："别走太快，路上注意安全！"希望你永远不是那个在安静的教室外面嗫嚅地喊"报告——"的孩子，希望你无论与谁相约都永远先他一步到达。但是，一旦你消失在我的视野中，我就开始用种种可怕的虚拟场景惊吓自己，担心你遇到不长眼的车，担心你只顾匆匆赶路没注意到前面的一道沟坎。我派自己的心追踪你，告诉你说："孩子，别急，慢慢走。"

——我说："你一定要做完了各科作业再睡！"我又说："别熬到太晚，早点休息吧。"我多么怕你把学习当成儿戏，我多么怕你成为一个不争气的孩子啊！面对着"抄写八遍课文"这样的"脑残作业"，我想说："去他的！别做了！"但话到

开篇以儿子的问话引入，"自相矛盾"一词设置悬念，激发读者兴趣，也为下文层层揭开矛盾埋下伏笔。

"连篇累牍"一词用得好，写出了父亲为孩子放红烧肉这一动作的不停止，引出下文作者的责怨。

嘴边却变成了"抄八遍就抄八遍吧"这样没心肝的句子。我好害怕你在抗议中滋长了对知识的轻慢不恭，所以，我宁愿选择暂时站在谬误的一边，看你平静地完成一份"脑残作业"。在大考将至的日子里，你埋头题海，懂事地克扣掉了自己的睡眠。你知道吗？当我说"孩子，睡吧"时，我心里却盼着你回答："妈妈，我再学会儿。"

——我说："衣服嘛，没必要太讲究，能遮羞避寒就可以了。"我又说："买衣服，别将就，好衣服能带来好心情。"我读大三那年，曾经被一条骄矜地挂在宣化"人民商场"的天价咖色裤子折磨得寝食不安……我好怕那样的不安也会来折磨你。我说："没出息的人才会甘当衣服的奴隶。"可是，当我看到你捡徐磊哥哥的旧衣服穿也欢天喜地时，我又忍不住为你委屈起来。当你到异地求学，我嘱你要学会逛服装店，为自己挑几件像样的应季服装。不料，你竟学着我的腔调说："没出息的人才会甘当衣服的奴隶。"

——我说："你千万不要早恋！"我又说："遇到个好女孩就该勇于向她示好。"我一遍遍教导你：人生，一定要遵从"要事第一"的原则；人生的每个阶段都只能有一首"主题歌"。所以，在你读高中的日子里，我近乎神经质地提防着每一个和你接触的女孩。当她们打来电话，我会很没素养地劈头就是一句："你叫什么名字？"后来，你赌气般地不再跟任何女孩交往了，我又开始担心你辜负了上苍的苦心赐予。我发短信告诉你说："记得妈妈曾告诫你：不要在一朵花前过久停留。但是现在，妈妈要隆重补充：特别卓越的花朵除外！"

——我说："孩子，你能飞多远就飞多远吧！"我又说："还有什么比一家人生活在一起更重要的事呢？"我曾嘲笑一个接了母亲班的女孩，说她们母女在单位的公共浴室里互相搓背简直是一道独特的凡间风景。我愿意看你远走高飞，不愿意让你始终窝在这座你出生的城市里。但当你独自沐浴了六载欧罗巴的阳光，当你如愿以偿地拥有了一顶博士帽，我却频频梦见你回归，在梦里，我清清楚楚地听见你说："妈妈，我已厌倦漂泊。"我也清清楚楚地听见自己说："孩子，回来吧，回来了我带你去东来顺吃涮羊肉！"

…………

不曾被矛盾重重的想法折磨过的心，不是母亲的心。因为爱得太深，所以才会昧，才会惑，才会颠三倒四，才会出尔反尔。孩子，你可知道？当你走得太快，我祈盼着用爱截住你；当你走得太慢，我祈盼着用爱驱动你。所以，无论我说过多少自相矛盾的话，无论这些话让你觉得多么无所适从，我都希望你懂得我说这些话的出发点与归宿。

"梦见""清清楚楚"，两个词语连用，写出了作者面对漂泊的孩子恍惚而急切的心理，表达了作者对孩子回归的渴求之切。

等着我

这是一个高一女生交给我的作文，题目是《等着我》——

我蜷在床头，像个没活气儿的纸人。机械地摸到手机，拨打。刚按下4，手指就像被蜇般缩回。我撇掉手机，抱起那个开满红黄花朵的小被，一朵一朵地抚弄那花，仿佛要将它抚醒。妈妈絮叨过多少遍："这小被是我平生做的第一件棉活儿呢！引被子时，我的手被扎破了5次！"妈妈自怜又自得地朝我举起一个摊开的手掌，拨浪鼓般地摇。我撇撇嘴："还说呢，笨死了！"妈妈是个老师，做被子自然是短板，但为了宝贝女儿，她毅然用惯拿粉笔的手拈起了钢针。犹记我小升初那年，我家搬家。门口堆了一堆旧家什。爸爸唤来收破烂儿的，连卖带送，把小半个家打发出去了。我回身瞥见那床小被，豪气冲天道："把这个也拿走吧！"妈妈一听，惊得眼珠子都要滚出来了，劈手夺过小被，凶巴巴地对我说："咋不把你老妈也卖了破烂儿呀！"

后来，我多次忆起这情景。我想，那小被上覆满了一个女人最初萌动的母性呢！还有，应是跟妈妈的身世有关吧。我有个暴戾的姥爷，最大爱好是往死里揍姥姥。妈妈7岁那年，被揍半死的姥姥悲愤离家，不知所踪……有一回，妈妈看倪萍主持的《等着我》节目，看得泪流不止，爸爸也跟着抹泪。我骑坐在妈妈腿上，用腮去拭她的泪，俯在她耳畔问："妈妈，你是想去寻我亲姥姥吗？"妈妈听罢，大放悲声。

一年前，妈妈被一纸诊断书击垮——胃癌晚期。多少次，我

开篇以老师的身份引出某高一女生的文章，作者将自己放置在了和读者平等的位置上：同为此篇文章的读者。

"纸人"一词，运用比喻的手法，形象生动地写出了"我"虚弱无力的状态。

"劈手夺过"一词用得好，写出了母亲的焦急愤怒，为下文揭开小被对母亲的重要意义做铺垫。

插叙母亲的成长故事，揭示母亲对"我"无微不至关怀的原因。

掐青了大腿，希望从噩梦中醒来。然而，噩梦却在日光下愈演愈烈。

弥留之际，妈妈抱着那床小被，将我唤至床前："宝贝，妈妈一直对你隐瞒了一件事——你不是妈妈亲生的。15年前，妈妈从一个陌生人手里接过了你。你赤身裹了这床小被。15年间，我拼死搂紧这床小被，不让它见天日。别怪我编造扎破手指的谎言诓你，我无非是想装得更像你亲妈。但我有时也会冒出一种戳心的念头——去"等着我"节目，朝全国观众抖开这床小被，为我的宝贝寻到亲妈……我就要走了，唯一的愿望就是，我走后，你打这个电话：4006666×××，带着小被去见倪萍阿姨。或许，那丢了小被的女人也一直在苦苦寻找这床小被呢……"

直到今天，我都不知该不该打这个电话。我想，假如我真的去了那个寻亲节目，我最想寻的，怕也是那个忐忑地紧紧搂了这小被15年的女人吧？我会对她说："妈妈，等着我！来世，咱俩一定做亲母女。不过咱俩得倒过来，你做女儿，我做妈妈……"

我为此文打了满分，又兴奋地找到小作者，告诉她说，这篇小说深深打动了我。女孩闻声泪如雨下："老师，可惜它不是小说……"

恩宠

我说不清从什么时候开始有了这样一个习惯——每天临睡前为这一天打分。满分是100分。我坦言，有许多日子被我打成了"负分"。那日子的灰败、摧颓可想而知。

最近的一个日子里，我被摆在了一个负面事件面前。愤懑，绝望，哀矜，自怜，恨不得冲到没人的地方去大哭一场……这个日子，似乎笃定要得负分了。

但是，晚间收到了两则留言，竟神奇地改写了这个日子的分数。

第一则留言，是一个刚刚辗转加上我微信的朋友发来的。

她跟我说起了16年前的一件斑驳旧事……恍惚忆起，在高手如林的赛课台上，一个不知自信为何物的选手，嫩、涩、拙，为善于挑剔的评委送去了许多顺手的炮弹。

轮到我点评时，我微笑着赞美了这名选手备课的努力。无非就是不想眼睁睁看着这个刚走上讲台不久的小老师被摞倒。

我怎能想到，这样的一丝善念竟被领受者牢牢记了16年！并且，她业已将"努力"视为自己骄傲的人生标签。

第二则留言，来自一个理工科的博士生。

他告诉我说，我的文章像一缕春风，陪伴他走过了高中复读的苦涩时光；在他考取了一所211大学之后，又毅然购买了我的《生命的暗示无处不在》一书，继续与我进行灵魂对话。今天，他寻到我的公众号，只为来这里对我说一声"谢谢"。

有分数就意味着有标准，我给自己度过的日子打分依据的是什么标准？最引起读者阅读兴趣的，就是那些"负分"的日子，到底发生了什么？

生动形象的比喻，读者一下子就明白了这位朋友曾经在赛课台上出了多少错误，受到了多少批评，而且"炮弹"也足以体现出评委对她的批评之严厉。

这一段以时间为线索，全面地展现出这位博士对我的作品研读、感悟的时间久，程度深，进而充分体现出我对这位博士的影响之深远，力量之强大。

我也曾偷偷在心中默念起鲁迅先生的句子"悬揣人间暂时还有读者",但我不敢想象,我的文字竟能够给予一个处于人生低谷的孩子以莫大帮助,并让他在十多年之后揣着一份暖暖的谢意在茫茫人海中寻到我。

我给予赛课老师和理科博士的涓滴之爱,有一万个被淡忘的理由,毕竟光阴薄幸,毕竟人间扰攘;然而,这涓滴却幸运地被酿成了浩瀚,复又回过头来滋润我焦渴无助的灵魂。

我想给这个日子打满分了。

现实像个痞徒,恣意蹂躏着被我小心翼翼捧在掌心的佳妙时光。我救不了自己。能救我的,是我昨日不经意播撒的一粒善种。染尘的日子,因为有了慈悲的垂怜而光明复生。

"爱出者爱返,福往者福来。"就算那被送出的爱与福渺如尘埃,一旦得了人心的恩宠,归来时,也能灿若星辰……

用滴水与汪洋作为喻体,生动形象地写出了对他人的爱与尊重,会产生多么巨大而深刻的影响,而这影响最终也会成为自己生命中强劲的支撑力。

现实的残忍,与施与温暖关爱所带来的对自身的美好之间形成反差,让我们清晰地知道了现在作者给日子打分的标准:不再单纯以这一天获得了什么、获得了多少为标准,还会关注到这一天"我"向他人付出了多少善意和温暖。

最高礼遇

朋友们坐在一起神聊，不知怎么就把话题扯到了自己所接受过的最高礼遇上。一个说，某市长给他夹过菜；另一个说，某副省长请她跳过舞。轮到做记者的孟芝，孟芝甩甩她清汤挂面式的直发，淡淡地说：我所接受过的最高礼遇，说出来也许有人不爱听；但既然是"命题作文"，我也只好扣着题目规规矩矩讲述啦。

那一年初春，我奉命到一座大山上采访一群雷达兵。车开到山脚下，我和司机老于背着芹菜、黄瓜、西红柿之类据说是极受战士们欢迎的礼物开始爬那座高入云端的大山。山路难走，我累得气喘吁吁，爬一段就停下来灌一阵子矿泉水。老于逗我说：孟芝，少喝点水，山上可没有女厕所哟！

终于狼狈不堪地登上了顶峰。12个战士挥动着鲜艳的彩带，高喊着"欢迎欢迎热烈欢迎"的口号列队迎接我们。这始料未及的隆重场面惹得我激动万分，我握着那些可爱的战士们的手一时竟不知说什么好。这时候，老于捅了我一下，指着营房的方向让我看——天哪！那里竟赫然张贴着一条标语：热烈欢迎孟芝同志光临指导！

开始用餐了。战士们都不约而同地让自己的筷子避开那些难得一见的新鲜蔬菜而抢着去夹兔肉（他们养着几百只兔子）。班长告诉我们说，大雪封山的时候，他们上顿下顿全吃兔肉，直吃得战士们看见了活兔子都想吐。

那天采访到的故事感动得我泣下沾襟。不瞒各位说，后来正是那一篇《山到极顶我为峰》的通讯让我这个小女子在新闻界一举成名。

采访结束后，一个小战士冷不丁问我道：你去1号吗？另一个眉清目秀的战士怨责地拽了一下那小战士的衣角，恭敬地问我道：你需要去洗手间吗？我的脸腾地涨红了，一下子想起了老于逗我的话。我支吾着。极想说"需要"，但又不知在这地道的"雄性"世界里究竟有没有供自己"洗手"的地方。眉清目秀的战士似乎看透了我的心思，热情地指给了我洗手间的所在。

我走到一个岔路口，不知该朝哪个方向迈步了，一抬眼，竟看到一个崭新的指路牌！牌子上画着一个醒目的大箭头，箭头下用漂亮的楷书写着：女厕所。大概经过了二三个这样的牌子，我顺利来到自己的目的地。

说出来你们也许不相信，那居然是一个特意为我这个女记者搭建的"洗手间"！虽说不过是供"一次性"使用的，但它的选址是那样的安全，建造又是那样的讲究——粗细均匀的圆木围成一个玲珑的圈儿，小小的门正对着一面光滑的石壁。一想到有12双手曾经为了让我更方便一些而在这里庄严地劳动，我就幸福得直想哭，终于明白了那一句"你去1号吗"的突兀问话里包含了多少焦急的期待和莫名的忐忑——我们可爱的战士，他们拿心铺成了路，还生怕你走上去硌了脚呀！长这么大，我孟芝心安理得地用过多少豪华的洗手间啊，但唯有这一间让我的双脚在踏入时感到了微微的颤抖。

——真对不起，瞧我，把你们大家都讲得难过了。不过，说句真心话，自打在那座大山上接受了那最高礼遇之后，我生命的词典里就永远剔除了一个词——羡慕。

回应前文情节，悬念一下子就吸引了读者，是不是真的如前文老于所说的，这会是让我无比难堪的经历？

所有的特点都在指向一个事实：这是专门为我新准备的、精心设计的。背后充满了对女性的尊重。

期待着自己的真诚付出能被理解，忐忑的是自己会不会做得不够好辜负了对方的信任。幸运的是，我遇到了尊重自己的战士们，战士们遇到了理解与感恩自己的孟芝。

经历过最好，永远不会再有任何的遗憾，所谓"羡慕"必然无从谈起。

大家长时间沉默着。最后，一位最受人尊重的先生真诚地握住孟芝的手说：谢谢，谢谢你。你的故事让我们的灵魂接受了一次最高礼遇。我敢说，从今而后，我们大家生命的词典里都将补充进一个可贵的词儿——羡慕。

孟芝的故事为什么是对旁人的最高礼遇？让人们有机会接触到人间最纯粹的善意、最真诚的热情。

感恩是门必修课

　　第一次听欧阳菲菲唱那首《感恩的心》，是在热闹的大街上。在那动人的歌词和旋律面前，我不由得停下了脚步——我来自偶然，像一颗尘土，有谁看出我的脆弱？我来自何方？我情归何处？谁在下一刻呼唤我？天地虽宽，这条路却难走，我看遍这人间坎坷辛苦。我还有多少爱？我还有多少泪？要苍天知道我不认输！感恩的心，感谢有你，伴我一生，让我有勇气做我自己。感恩的心，感谢命运，花开花落，我一样会珍惜。不知为什么，我特别喜欢这首歌，仿佛那是从我心窝里掏出来的句子和调子。在这不期然的相遇面前，我感慨良久。

热闹的大街与柔美的歌声，环境的喧闹与音乐的优美形成反差，却更加衬托出这音乐的感染力之强。

　　后来，我所在的学校和本市聋哑学校结成了友好学校。我们的学生和那些聋哑学生一起学会了《感恩的心》的手语表达。当我看到那些听不见旋律、唱不出歌词的孩子动情地和我的学生们一起用手语演唱《感恩的心》的时候，我和台下的观众都禁不住泪流满面。在我们这些健全的人看来，那些孩子最应该诅咒命运的不公，因为瞎了眼的命运女神残忍地把他们打入了一个死寂的世界。但是，他们非但没有诅咒，还怀了一颗可贵的感恩之心。看到他们面带微笑地打出"感恩的心"这句手语，我为自己心底隐藏着的怨尤与懊恼感到差耻。

我为什么会感到差耻？我们用常人世俗的眼光和标准去判断这些人的生命质量，看到的都是他们的残缺，却鲜有人真正站在这些聋哑孩子的角度去了解和体会他们得到了什么。

　　懂得感恩的人是幸福的人。

　　感恩，应该成为我们的一门必修功课。

　　让人遗憾的是，太多的人没有修好这门功课。幸福的生活，把我们娇宠成了"豌豆上的公主"！——爱是那一层又一层的柔软褥垫，但是，仅仅是最下层那一颗小小的豌豆粒，就惹得睡在上面的"公主"抱怨不已、叫苦不迭。被生活亏待的人，莫过于那些身体有残障的人，可就连他们都可以带着灿烂的笑用手语演唱《感恩的心》，我们这些健全的人，还有什么理由不由衷地向生活致谢呢？

"天恩浩荡"，我喜欢把这个"天"字理解成造就了我们、滋养了我们的一切爱与美。乳香与麦香，花香与茶香，墨香与书香……这些香殷勤地熏香了我们的生命，使我们越来越健壮也越来越温文，越来越丰富也越来越美丽，难道，我们不应该向着这慷慨的赐予深深感恩吗？

集盲聋哑于一身的海伦·凯勒曾经问一个从森林里归来的人：你在森林里看到了什么？那个人沮丧地耸耸肩说：森林里有什么好看的？海伦为他的这个回答感到非常意外和遗憾，因为在她看来，那人白白地拥有了一双明亮的眼睛和一双聪敏的耳朵。森林里有那么斑斓的色彩，他却视而不见；森林里有那么动听的鸟语虫鸣，他却充耳不闻。他可怜的心灵失明了、失聪了，所以他才做出了那样令人遗憾的回答。有时候，我们也会犯类似的错误啊！面对自然的秀色，面对亲友的温情，我们常会患上一种叫作"麻木"的疾病，因为可以日日坐享，便不再将珍奇视为珍奇。每天，我们住在爱里却浑然不觉，把一切幸福的拥有理解成了理所应得。对爱麻木的心，最容易被怨恨蛀蚀，而充满了怨恨的人生往往是与成功无缘的。

想想看，我们赤身来到这个世界上，是什么让我们成为现在的自己？巴金说过这样一句话：我们不是单靠吃米活着。他说得多好！我想说，我们其实是啜饮着"爱"长大的啊！仅仅懂得被动地领受爱，证明你还远未长大；能够被这爱深深感动，证明你已摆脱了那个幼稚的自我；而把这爱理解为一种伟大的赐予，并努力去回报这爱，证明你已走向了真正的成熟。

所以，我愿意给我深爱的人们一个提醒：请认真学好"感恩"这门必修课，因为感恩的过程就是心灵提纯的过程。懂得感恩，你就能拥有幸福，并让爱你的人感到幸福；懂得感恩，你就能成为一个受欢迎的人，"机会"就愿意与你牵手；懂得感恩，你就能"有勇气做我自己"，你的生命之树就容易结出成功的果实。

愿你和我一样爱上那首《感恩的心》，不管心空是阴是晴，让我们一起轻轻地唱：……感恩的心，感谢命运，花开花落，我一样会珍惜。

运用排比，将懂得感恩的一系列作用效果，从对个人到对他者，从可观可感的成功，到感悟体验的收获，全方位、多角度让读者感受懂得感恩的价值，能够因此让自己更会、更懂如何去感恩。

珍惜花开花落，就是在珍惜生命的存在。

那个叫"勺"的女生

以怪名字的出现直接开头，未见其人，先闻其名，开门见山地一下子就狠狠抓住了读者的心。

勺的第一次出场便是向校长提意见，并且充满自信，进一步调动起读者的阅读兴趣，想要真切、全面而深入地了解她。

没见过就坦率承认，自己得名的过程不雅致也毫不避讳，勺的真诚跃然纸上。

那年招生的时候，教务处的老师笑着告诉我说："今年录取的新生中有个女生叫勺——勺子的勺。这名字，怪死了！"

第一次与勺见面，是在校园里的那一小片花生地前。上课的预备铃响了，还有个单单薄薄的小女生站在那里，老远冲着我笑。我问她："你怎么还不快回教室啊？"她说："校长，我在等您过来。我想告诉您，花生地里的草是不能拔的。您看，拔了草，带出了这么多小花生，都糟践了，多可惜呀！我们家种过花生，拾掇花生地，我可是个行家！"我夸赞了她，顺便看了一眼她的胸牌，居然，她就是勺。

再见到勺时，是在食堂。我端着餐盘凑到她跟前，告诉她说，她一句话保住了许多花生的小命，秋后该赏她多吃几粒花生呢。她含着一大口饭，开心地笑出了声。我问她："你名字为什么不写'芍药'的'芍'呢？——你见过芍药吗？原先，你们宿舍后面那儿就有一大片芍药，春天开花，可好看了！"她说："我只在电视上见过芍药开花，没见过真的。当初我爷爷给我起名的时候，起的就是'勺子'的'勺'，说是名字孬，好拉扯。"我笑指着她手中的不锈钢勺子说："勺用勺，勺咬勺——这太有趣了！"

后来，德育处遇到了一桩挠头的事，一个女生宿舍的几个住宿生一同找到德育处主任，说她们宿舍老丢东西，小到纸巾，大到毛衣，什么都丢。德育处主任问她们是否有怀疑对象，她们异口同声地说："是勺！"

"她们有什么根据说是勺干的呀？"我有些激动地质问德育处主任。他嗫嚅道："她们也没啥根据，就是觉得勺来自农村，家里挺穷的。另外，这个宿舍里，别人都丢过东西，就勺没丢过。"我说："其实，你刚才所说的前一条就可以解释后一条——正因为勺家里穷，她的东西都不值钱，所以才不会招贼呀！另外，勺要是挨个儿偷，偏偏把自己剩下，那不是不打自招了吗？一个人得蠢成啥样才会这么干呀？"

很快，勺的班主任跑来找我，说大家错怪了勺，让我千万别生气。想着那个单单薄薄的小女生因为家穷就无端地被人怀疑成小贼，我的眼睛禁不住酸涩起来。

几次大大小小的考试，勺的班主任都是在第一时间就将勺的成绩和排名发到我手机上。勺的成绩不太好也不太坏，波动也不大。

寒假开学后的一天，勺的班主任问我："勺怎么没有来上学呀？"我说："是吗？我不知道啊。你给她家打个电话问问吧。"她惊异地看着我说："您不知道吗？她家没有电话呀！——我想法子找同学问吧。"

没有等来勺，却等来了勺的父亲——一个独臂的男人。他是来为勺办转学手续的。

我问："怎么刚读了半年就转学呀？"

勺的父亲唉声叹气地说："说出来您可别笑话，勺的妈妈8年前跟一个小老板跑了，我这个废人，又当爹又当妈，省吃俭用，一心想把勺供出去。去年，我表弟在三门峡市给我找了个差事，我一天到晚惦记着勺，不能塌心干活呀。这回，我下决心把勺弄到我身边去，可户口又迁不过去，高三后半年，她还得回您这

波澜突现，女生们的言之凿凿和德育处"挠头"所展现出的以往对类似事件的处理不力，让人们为刚刚结识的勺的处境紧张起来。

别人都是站在自己的立场上，用他者的标准去衡量勺，而校长着眼在勺自己的特点，自身行为的逻辑，真的去尊重每一位学生。

我们以为熟悉的勺，还是有着让我们难以置信的生活境遇，背后的故事一定不简单。

勺是被惦记的，作者对情节的安排不以人物命运极端的不幸来博同情，让我们看到生活的常态，因为更真实，所以更动人。

情节突转，校长曾经对勺的关爱和信任，和现实中勺的行为形成鲜明的对比，校长是不是错了？

短小的篇幅内却又再次让情节波澜再现，勺后续的想法与表现，充分验证了校长的爱与尊重巨大的影响力，校长所体现出的教育的智慧与情怀，不以判断一时一事的对错为标准，而是以塑造和影响人格和观念为指向。育人、呵护生命，这些看似"高大上"的词语，其实就在像校长这样的教育者的一言一行之间。

勺是用心在体会校长对她的关爱的，名字的变化，背后体现的是勺对自己存在的意义与价值的认识变迁。

学校来，在这儿报名参加高考啊！勺老跟我说您喜欢她，对她好，她可舍不得您呢！——这不，她还给您写了封信。"

信是封死的。我撕开信皮儿，看到了下面的文字：

校长，我可以叫您一声妈妈吗？我本来想当面向您告别，但我没有勇气，还是让我用书信的形式来跟您说说心里话吧。我们宿舍同学丢的东西，确实都是我偷的（我似乎看见了您无比失望的眼神）。事发之后，我吓得要死。我跟班主任说：'求你别让校长知道好吗？其实我家跟校长家是亲戚，校长是我一个远房姑姑。可校长嘱咐过我，不让我跟别人讲。'我无耻地利用了您对我的好，我编造谎言，骗过了班主任，使他不再追究我偷窃的事。我从小就有小偷小摸的毛病，为这也曾受过皮肉之苦，可很难改。我甚至把这一切归咎于我的名字——勺，总想舀别人碗里的东西，唉，这只不争气的破勺啊！但这一回的偷窃，却真成了我生命中的最后一回。您知道这是为什么吗？就因为德育处主任把您跟他说的话转述给了我。您对我的人品是那样的深信不疑（尽管我不值得），您不假思索地为我辩护。您知道吗？那天晚上，熄灯了，我猫在被窝里，哭着咬破了自己的手指，我跟自己说，你要是再生出偷窃的心，就去摸电门吧！——校长妈妈，我会跟班主任说出实情，我会设法还清舍友们的东西并向她们道歉的。校长妈妈，您笑一下好吗？您笑一下，我离您多远都能感觉得到啊！

署名竟然是——"芍"。

我擦着夺眶而出的泪水，笑了一下。

勺的父亲惊慌失措地问："这孩子都瞎写啥了？弄得校长又

哭又笑的？"

　　我说："没啥。你回去告诉勺，就说我爱她；还有，你跟勺说，今年开春后，我们学校除了种花生，还要栽芍药，勺高三的时候，欢迎她回来看芍药花……"

君心可晴

"君心可晴？"这是我通过手机短信问候远方朋友的一句话。很快，朋友就回复了，居然是："君心可晴！"

对着阳光微笑，再一次感到汉语的无限美好。——我殷勤地探问朋友的心空是否晴朗，当然，这里面也蕴含着我的一个未曾明言的祝愿，那就是，唯愿朋友的心恰如那"蓝蓝的白云天"；朋友复我时，巧妙地将我原先用以表疑问的"可"字改换成了表可以的"可"，用不容商榷的口吻告诉问候者，你的心空是不应该有阴霾与云翳的！这有硬度的祝福，恰如那一句"你必须幸福！"当然，这个机智迅捷的回复也透露出了这样一层意思，那就是，此刻，祝福者的心空亦未曾落雨。

走在阴晴无定的四季，老天的脸色就是变给你看的，你掌控不了这一切，你所能够做的就是被动地接受，接受微风惬意的吹拂，也接受狂风肆虐的鞭挞，接受那"润如酥"小雨的多情爱抚，也接受"大如席"雪片的无情扑打。卫星云图永远做不成你的"解语花"，由着你的心性儿派送阳光抑或派送风雨，它只是预先知会你它将要怎样怎样，你断然没有"民主参与"的机缘。

但是啊，你可以做自己心情的主人！

我曾经有一个同事，经年累月地做着自己心情的奴才。他应该是个典型的"胆汁质"的人吧，凡事不可遏抑，激愤的咆哮几乎成了他生命的常态，发作过后就往嘴里塞"速效救心丸"。于是，办公室便总弥漫着一股驱不散的那种丸药所特有的味道。

一语双关，既是对客观天气的谈论，也是对心情喜忧的关注，可见我和朋友关系密切，彼此理解深挚。

一系列精妙的拟人，既表明风云雨雪客观存在，不以人的意志为转移，又表明它们确实会给人带来或喜或悲的真切影响。与上文我和朋友间面对风雨言之凿凿的信念与愉悦形成对比。

他似乎也意识到了自己的心情需要拯救，便在办公桌的玻璃板下压了一幅自书的座右铭："愤怒，等于用他人的过错惩罚自己。"大约在这位仁兄压了那名言一周之后，单位聘请一位专家来做报告，那专家出语惊人："一些人总是喜欢把自己做不到的事儿编成座右铭，供起来。"与"胆汁质"同一办公室的人全都憋不住哗然大笑。散会之后，"胆汁质"怒吼着，连玻璃板带座右铭全部痛而毁之。

坏心情不需要任何理由，好心情也是。

我博客的"友情链接"只链接了一个人，一个与我同姓的爱笑的天使。总觉得她是为了开发我的好心情而闯进我的世界的。身心俱疲苦不堪言的时候，我就遁入她的天地，听她讲自己在一个毛绒动物玩具厂辛苦劳作时怎样靠着居里夫人的故事取暖，看她面对阿尔卑斯雪山时兴奋地宣称要"站起来"拍照。她总是笑靥如花，唇膏美艳，皮鞋锃亮。她每一篇博文后面都有无数跟帖。我注意到，在一个特殊的日子里，她在凌晨三点发表了新博文，热心的人们问她："这么晚了还没睡？""这么早就起来了？""因为这个日子特别，所以睡不着吧？"我也跟了帖，说："姐姐让我感到了这个世界的暖。"——那个日子是"国际残疾人日"，这个爱笑的天使是张海迪。

如果发明一个"心情按钮"，我想没有人会不愿意将按钮永远调到"愉快"的位置，而修炼心儿的慈悲度、宽阔度、高远度、明亮度，无疑是有助于"心晴"的。在生命的列车上，我们说不清自己最看重的人或物会在何时下车，连同我们身体的某一部分，都有可能不会陪同我们走到终点，只有心情，是我们一生不离不弃的契友，是与我们的生命"等长"的东西。即使我们没有安装"心情按钮"，我们也不是完全没有可能在

这位同事"做不到"的究竟是什么，表面看起来是做不到不发怒，然而从他选用的话语以及最后发怒的事件来看，他真正做不到的，是不能把控自己，包括喜怒哀乐，都难以自持。

"她"讲的故事究竟是什么内容？作者的概括中充满了吸引人的要素，玩具厂如何与居里夫人有关联？"站起来"这种日常的举动，为何还要郑重宣告？

假想中的"按钮"是不可能存在的，但是作者依然给出了让心情能够有效被自我把控的建议，竭尽全力的思考与呼吁，既是作者践行后的真实感悟，令人信服，更体现出那种普世的使命与担当。

哪怕是阴雨连绵的日子里悉心营造一个"局部晴天"。心儿晴好，你才能活得美，活得赚！

　　——君心可晴？

　　——君心可晴！

生命如屋

生命中的每一天究竟该怎样度过？听到过两种截然相反的说法。一种说法认为：将生命中的每一天当作生命的第一天去过，带着最初看到这世界的新鲜与惊喜，让充满好奇的眼在寻常的天地间读出大美，让心在与万物的美好交流中感到无比的欣幸与满足；另一种说法却是：将生命中的每一天当作生命的最后一天去过，带着即将辞世的留恋与珍惜，及时兑现梦想，及时将生命中的"不如意"改写成"大如意"，宽宥他人，感谢命运，在夕照里掬一捧纯粹的金色，镀亮心情。

我同样地喜爱着这两种说法。我愿意让自己热爱世界的心永远葆有"第一天"的新奇和敏感，也愿意让自己珍惜世界的心永远怀有"最后一天"的警醒和勇毅。

很久了，我一直不能忘怀那个叫乔治的人。这个不幸的建筑师被命运亏待、作弄——妻子离他而去，儿子被判给前妻后，沉溺于毒品不能自拔，并且和乔治关系疏远。乔治对自己做了20年的工作也极不满意，终于在气急之下和上司大吵一架，愤然辞职，冲出了办公室。这个乔治已经够倒霉了，但是，更倒霉的事情又出现了——他被告知得了癌症，仅剩下几个月的生命了。

潦倒的乔治，就像父亲留给他的那幢建在海边的破旧不堪、摇摇欲坠的旧房子。濒临倒塌的房屋，濒临死亡的生命，乔治的世界凄惨到了极点。但是，命运一次次的棒喝却将他打醒了，

开篇便提出两种截然相反的说法，又都充满哲理，作者究竟该如何做出判断？读者的阅读兴趣一下子就被调动起来了。

"新奇和敏感""警醒和勇毅"，这两组状态与情感差异很大，作者为什么会对它们有相同的态度呢？

乔治生活状态的糟糕体现在了生活的方方面面，而程度也如绝境一般，这样的人生结局似乎已经注定，还能有什么转机？作者将欲扬先抑运用到了极致，为下文他的做法能带给人的启示、思考做足了铺垫。

从修建客观存在的建筑物房屋，到"修建"情感生活的家庭之屋，乔治是如何改变命运的体验与价值的呢？既有他对生命中各种存在的留恋与不舍，更有他从最初心、最赤诚的心愿出发所付出的实实在在的努力。

多么精妙的比喻，"砌入墙中"意味着用实际的行动去改变生活，更预示着乔治对人生的深情与感悟会以牢固的方式长存。

"第一天"和"最后一天"看似差异巨大，它们的共性究竟是什么？它们都是生命中岁月的重要存在、时间的重要标志，它们所负载的情感与思悟，都在提醒着人们，对生命要始终抱有深情，始终要不辍行动。存在就是一种幸福，而人们要牢记的，就是不要辜负生命之屋存在的每一刻。

他下决心改变自己似乎再也难以改变的生活。

倒计时的生命之钟在耳畔滴答作响。

乔治要在这人生的最后几个月里重活一回。

他决定将海边那幢破旧的房子按照自己多年来梦想的样子重新修葺。似乎直到这时，徒然浪费了几十载宝贵生命的乔治才恍然明了，自己这个建筑师原是可以为自己建造一幢美丽房舍的！而他的愿望，还远不止这些。他隐瞒了自己的病情，邀请儿子暑假来海边和自己一道修建房屋，而终日无所事事的前妻开始主动给这父子俩送饭，慢慢地，竟也加入了他们的行列。

海风吹拂，阳光强烈。父子俩在劳动中重建亲情，离婚夫妻也在劳动中重温鸳梦。儿子摆脱了毒品的困扰，并得到了甜蜜的爱情。前妻对乔治有了全新的认识。房子建起来的时候，爱也成长起来……

这是美国电影《生命如屋》中的情节。这部影片，以"屋的重建"与"爱的重建"，给人以生命"第一天"和"最后一天"的强烈震撼和深刻启迪。不幸而又万幸的乔治，将人生之悟砌进了墙里。我相信，即使他命赴九泉，也会含笑忆及自己生命尾声中重获的那一次"浓缩版"的、有价值的生命——爱的体验，情的升华，咀嚼人生况味的晨昏，房屋矗立起来时强烈的成就感……

生命总在不觉间流逝。日子被日渐麻木的人过得旧了、更旧了。"第一天"和"最后一天"的提醒，其实是善爱者为自己和他人出的一道人生思考题。在这道思考题面前，愿倦怠麻痹或紧张忙碌的你能有片刻沉吟。问问自己，在激情燃烧过后，是否曾守着灰烬恹恹度日？在人生谢幕之前，是否曾锁着眉头打发时光？在"第一天"和"最后一天"之间，岁月那么漫长，漫长得让人误以为凋零只是远方别人的事。你愿不愿意随乔治一同醒来？像诗人一样活着，像农夫一样劳作，赞美阳光，享受生命……

　　生命如屋，值得我们带上所有的热情与智慧去悉心建造。

阅读与练笔（三）

阅读理解

《为你，我说过多少颠三倒四的话》

1. 在这篇文章中，母亲的很多话语在内容上都表现出了矛盾对立，请从文中任选一例，分析母亲这样表达的原因。

2. 本文主要采用第二人称作为叙述角度，请谈谈作者为什么要这样设计？

3. 在本文的结尾处，作者希望孩子能够"懂得我说这些话的出发点与归宿"，结合你对全文的理解，这位母亲说这些话的出发点和归宿分别是什么？

《最高礼遇》

1. 高和低是要靠标准来判断的，结合全文，请你概括作者判断受到的礼遇是"最高"水准的标准是什么?

2. 在第四自然段中,插叙了一段大雪封山时的情节,请概括这段插叙的内容,并谈谈这处插叙的作用。

3. 文章首尾段使用的都是第三人称,而中间在孟芝讲述自己的经历时,文章采用了第一人称叙述,你认为作者为什么要这样设计?

《君心可晴》

1. 不同的标点符号使相同的语句产生不同的含义,请根据你对文章内容的理解解释"君心可晴?"与"君心可晴!"这两句的含义。

2. 文章第三段用了一组排比列举出各种自然天气状况,请你对这组排比进行赏析。

3.作者在文章第七自然段讲述了张海迪的故事，请根据文中的内容概括张海迪具有哪些特点？

邀你试笔

1.我们在成长的过程中，会遇见很多人，亲人、朋友、同学，以及其他打交道的人。在与这些人的交往过程中，我们通过彼此的交流、熟悉，不断加深对对方的理解，或者改变一些认识。

请以"身边的陌生人"为题写一篇记叙文，刻画一个人物，尝试有波澜的叙事。

2.念念不忘，必有回响。这回响，也许是蓦然回首对温暖的感受，也许是历尽千万对苦痛的领悟，也许是对长久付出后的回应，也许是对挫败落寞的反思……

请以"回响"为题写一篇作文，文体不限（诗歌除外）。

3.放眼生活之中，我们的身边有血浓于水的亲人，有相互支持的伙伴，有给予我们触动的人，也有引发我们反思的人。

请以"我们"为题写一篇记叙文，谈谈你与某个人在相处经历中的故事或感悟。字数不少于700字。

"阅读理解"参考答案

《为你，我说过多少颠三倒四的话》

1.答案要点提示

第一步：分别解释挑选的这组句子的含义；

第二步：指出这两句话在哪些方面形成了矛盾；

第三步：母亲说出这组话语的时候，分别体现了母亲对儿子哪些方面的关心或担忧；

第四步：鲜明体现了母爱的热烈与深沉,对儿子关心的全面,感情的深厚。

2.第二人称呈现出的是一种对话的关系态势，和文章开头儿子的话语形成一种回应。在行文过程中，内容信息的传递更直接，情感态度的传递更强烈，仿佛还原了母与子的对话场景，更加具有画面感，增强了感染力。

3.出发点是母亲自身成长历程中的经验与教训、对孩子身心健康的关爱、对孩子前途未来的考虑等，因为想要考虑的事情太周全了，所以母亲说出的很多话就显得矛盾了；归宿是希望儿子可以得到全面完整、身心美满、德才兼备的人生成长。

《最高礼遇》

1.标准就是对方是否真心考虑到被对待者的真实需求，是否给予被对待者最真诚的尊重与理解。

2.大雪封山的艰难时期，所有战士长期只能吃兔肉充饥，产生了非常不好的身心反应。插入这段情节，与战士们为了招待好记者和司机，自己依然去吃兔肉而不吃新鲜蔬菜的行为形成对比，更突出了战士们对待记者和司机的巨大善意与尊重。

3.孟芝的讲述部分作者采用了第一人称，令事件的讲述更加真实可信，使人与人交往要秉持最大诚意、敬意这一主题更有说服力、感染力。

《君心可晴》

1.问号句表达的是朋友之间的关心问候，意思是："朋友呀，你的心情是不是晴朗明媚的呢？"感叹句表达的是一种肯定而且带有强烈的主观意愿，意思是："朋友呀，你的心情一定是可以晴朗明媚的！"

2.作者运用的这组排比介绍了四季天气的多样，既有风雨雪不同的种类，也有强烈与柔和不同的程度，全面地表明客观天气的复杂多变，不以人的主观意愿而转移，确定了客观天气状态的不可人为更改，自然地引出下文作者探讨人可以自主掌控的是自己心情的状态。

3.通过阅读本文相关段落，我们感受到张海迪虽是残疾人，但是乐观积极地面对生活，对美与活力满怀追求，感恩世界所有对自己这样状态的生命的善意与温暖。

第四章

莲的确证

草木的权利

和一个懂植物的朋友去苗圃选绿植。无知的我，指着一株株滴翠的植物问这问那。老板殷勤地赔着笑，以为碰到了大主顾。

老板指着他待售的商品向我们做介绍："这叫金娃娃……这叫招财草……元宝树……摇钱树……金钱树……发财树……"少见多怪的我惊讶得大叫起来："哇！你家草木的名字好怪！怎么一律跟钱财有关呀？"老板笑着说："不跟钱财扯上点关系不好卖呀！你想，谁花钱不想买个吉利？我们多培植些名字跟钱财有关的花草，不也是想讨个好彩头嘛！"

我问朋友："这些植物有自己的名字吗？它们原本都叫什么？"朋友说："它们当然有自己的名字。但是，别名用得时间久了，人们都忘了它们的本名。金娃娃本名叫萱草，就是屈原写的'公子忘忧兮，树萱草于北堂'的萱草啊！招财草本名叫草胡椒，跟招财没有任何关系。元宝树本名叫栗豆树，摇钱树本名叫栾树，金钱树本名叫美铁芋，发财树本名叫瓜栗。"

我听呆了，痴痴地问："这些草木，还知道自己原本的名字吗？它们讨厌现在的名字吗？"老板被我问傻了，大概从来没有一个买主会将他摆在这么荒唐的问题面前。他勉强解释道："谁会讨厌金钱呀？这些花草树木，当然会特别喜欢现在的名字喽——多贵气！"朋友苦笑着对我说："又犯痴了不是？一个草木，哪懂得什么'喜欢''讨厌'？叫它个啥，它就是啥。要是你喜欢，你可以在心里管金娃娃叫'道德草'，它准保不

"无知"一词，既与上文"懂植物的朋友"形成呼应，也为后文老板用金钱命名植物，而我却关注草木的权利做铺垫，欲扬先抑。

"少见多怪"一词，看似自嘲，实则暗含讽刺之意。

本段通过语言描写集中展现了三人听到植物本名和现有名字后的不同反应，我看似"痴呆"，实则充满了对草木的怜爱；老板将我的话语视为荒唐，只知金钱，不懂植物本性；朋友无法理解我对花草情态的揣摩，可见他对植物的认识不过停留在知识层面，并无对花草的真情。

会抗议。"

　　我当然明白，"金娃娃"一旦更名"道德草"，它的身价定然大跌。掏钱买它的人，多是冲着它的名字来的——金娃娃，谁抱谁会笑。想想看，谁愿意掏钱买一簇祈望道德提升的草回家呢？

　　但是，我不可遏抑地可怜起那些丢了自己本名的草木来。没有征得它们的同意，世人就一厢情愿地勒令它们更了名。它们沾满铜臭的名字，是逐臭者一种飞扬跋扈的强加。什么都不肯放过，霸道到连草木都必须爱我所爱、替我求财。

　　记得母亲侍弄过一种名叫"缺碗儿草"的花，废弃的破木盆里挨挨挤挤地长着高低错落的娇嫩叶片，爱煞个人。我剜了一些带回自己的家，栽进精致的花盆，邻居看了，问："你也待见铜钱草？"我说："我不待见。我待见'缺碗儿草'。"——我执拗地随了母亲，将那种风致的植物唤作"缺碗儿草"，就算这名字不洋气、不贵气，但我偏摁不住心头的那份欢喜。

　　千百年来，草木以一个个不谄不媚的名字，被诗人颂着，被百姓唤着；它们定难逆料，在"金风"劲吹的今天，它们会不期然地被一个个金光闪闪的名字无理劫持。

　　有谁，愿意捍卫草木的权利？让草木活在自己欢畅的呼吸里，让它们的名字跟草字头、木字旁发生幸福的关联，而不是用金字旁、贝字旁冒犯了它们……

　　——放过它们。
　　——放过我们自己。

"不可遏抑"一词，表现出我对"丢了自己本名的草木"的怜惜程度之深，对他人"一厢情愿地勒令它们更了名"的做法的不满情绪之强烈。

"劲吹""无理劫持"等词语，生动展现出人们霸道地将草木视为自己求财的工具，表现出了人们的傲慢与自私，表达了作者对这一现象的不满与批判。

结尾两句意味深长。"放过它们"，指的是不要让草木因人类的功利心理而失去了自己美好的风致；"放过我们自己"指的是人类不要被自己的功利心理所束缚，变得肤浅狭隘。两句话层层深入，展现出作者对于草木与人类关系的深刻认识和智慧思考。

花万岁

诗虽简短通俗，却写出了朴实无华的真理，这也正是让作者意犹未尽的原因。以此开篇，为下文作者思考人们面对花草的不同做法做铺垫。

一早去牡丹园，发现假山下戳起了一块简陋的牌子，上面是一首手写的打油诗，清劲的柳体，颇惹眼。那打油诗写的是："牡丹可谓不容易，一年开花只一季。最盛只有十来天，看上一眼是福气。你若稀罕颜色好，拍她画她都随意。姑娘不要摘花戴，偷花不会添美丽。小孩不要把花害，你欢笑时花哭泣……国色天香人共赏，千万不要拿家去。"我一连读了数遍，意犹未尽，又用手机拍下来，发给了天南海北的朋友。

占有的欲望总是魔鬼般操纵着凡俗的心。就在刚才散步的时候，我看见烟雨湖畔的木栈道上横卧了几枝梨花，拾起来，擎在手上，是一种无限怅然的况味。那"梨花一枝春带雨"的佳妙光景，再也不可能属于这枝花了。白居易说："蔷薇带刺攀应懒，菡萏生泥玩亦难。"——蔷薇，披一身自卫的利刃，让攀折的手生出畏葸；菡萏，把家远远地安在泥淖之中，让贪婪的心徒呼奈何。但是，牡丹、芍药、梨花、桃花们却忘了设防，憨憨地把一种极安全的美丽和盘托给你。春风中，她们相约举出一道道特别的考题，考量人心。

这句先运用了拟人的修辞手法，"相约举出"将花朵赋予人的情态，写出了花朵争奇斗艳的状态；又运用了比喻的修辞手法，把花朵和盘托出的美丽状态比作考题，形象生动地写出了美丽的花朵总能勾起人们的折花之念，让人重新审视自我道德。

"天国钟声""梅朗口红""美好时光""杂技表演""我的选择""我亲爱的"……这些，都是我校月季园中月季的芳名。她们开得多么忘情啊！一天上班，我发现偌大的月季园中出现了一个墓穴般的空洞——"我亲爱的"不见了。一连几天，我都在暗暗呼唤着她的芳魂。所有让我生疑的地方都找遍了，却觅不见她的芳踪。就在我快要绝望的时候，"我亲爱的"居然回到了她原来的位置上！只是，她的花与花苞都凋萎了，叶子也已枯黄。我忙唤来园丁为她大量补水。园丁叹口气说："不中用了。——谁把好端端的一棵花祸害成这样了！"黄昏时分，我远远看到月季园里有一个黯然的身影。待那身影离开后，我才悄悄走到园子里，看到"我亲爱的"又已被浇了水。——无疑，她就是那个冒失地挖走了花的人。她定然如我一般热爱着"我亲爱的"，遂生出了独享的心。<u>哪知，那花不媚她；就算她被悔愧驱遣着重又将花送回原处，那花也义无反顾地用凋残抗议她的劫掠。</u>

据说苏格拉底是爱花的，当他带着弟子们漫游的时候，最喜将帐篷支在花丛旁；泰戈尔告诫人们：摘下花瓣，并不能得到花的美丽。苏霍姆林斯基曾遇到一个摘玫瑰花的 4 岁女童，当他问她为什么摘花的时候，那女童说："我奶奶病得很重，我告诉她学校里有这样一朵大玫瑰花，奶奶不相信，我现在摘下来送给她看，看完后我就把花送回来。"<u>——只有这个女童的"借花一看"是可以原谅的，因为她的本心，不是跋扈的占有。</u>

我一直为高中语文教材中删掉《灌园叟晚逢仙女》一课感到遗憾。我喜欢冯梦龙笔下的"秋先"，喜欢他在花开之日，"或暖壶酒儿，或烹瓯茶儿，向花深深作揖，先行浇奠，口称'花万岁'三声，然后坐于其下，浅斟细嚼"。秋先在别人家的花园里看到心爱的花，便挪不动步了；花园主人想折一枝花赠他，他连称罪过，决然不要，"宁可终日看玩"。

——"花万岁"。如今会说这句话的人还有几个呢？无视花开的人，用冷漠为花降了一场霜；摘走花朵的人，用酷虐为

这句话运用了拟人的修辞手法，"不媚""抗议"赋予了花以人的情态和动作，形象生动地表现了花朵美丽一去不复返的样子，表达了作者对他人挖花行为的谴责。

同为摘花，但女童是为了满足生病奶奶的心愿，不像其他摘花人一样为了满足自己的私欲，她本心善良，因此可被原谅。

105

两个"自会",点明了人与草木共生共荣的关系：唯有摒弃私心，真心欣赏且懂得尊重花草之人，才会得到自然的馈赠。

花下了一场雪。而那霜雪的营造者，岂不也营造了"自我的冬天"？那在花前倾慕地作揖并深情地祝祷"花万岁"的人，自会被无边的春风宠溺，自会在无涯的芳菲中遇仙、成仙……

海棠花在否

春尚嫩，草木未及醒。香抱来一盆浓烈的花，说："海棠，让你眼睛先尝个鲜。"

——端的懂我，知我眼馋，送我一盆不嗜睡的妖娆。

好稀罕的海棠！铁色枝干，如焦似枯，失尽了生气；而在这焦枝之上，竟簪花戴彩般地缀了一串串娇姿欲滴的花朵。没有叶——保守的叶，或许还在慢条斯理地数着节气的脚步，花们却早耐不住了，你推我搡，捷足先登地抢了叶的风头。仔细端详那花与那枝，仿佛是不相干的两样东西——盛放与焦枯，奇迹般地同台演出，却又精彩得令人击节称赏。

这一盆"迷你"春天，婴儿般吸摄了我母性的心。暖气房太燥，天天提个喷壶，给它殷勤喂水。喷多了，怕浇熄烈焰；喷少了，又怕它喊渴。便忍不住怨它："海棠海棠，你总该开个口，为自己讨要一场无过、无不及的春雨呀。"

每日里一进家门，心中问的第一句话必是："海棠花在否？"——是韩偓的一句诗呢。青葱岁月里，欢悦地背诵过它；纵然我再善于舒展想象的翼翅，又怎可逆料，那诗句，竟是妥帖地预备了给我用在这里的。璎珞敲冰，梅心惊破，好花前吟诵好诗，在我，是多么奢华的时刻！可笑如我，竟毫无理由地以为，我的海棠愈开愈妍，定是得了我与韩偓的双重问候。

海棠花没有媚人的香，但这不妨碍我将自己融进它虚幻的香氛里。我安静地坐下来，与它长久对视。我想，如果我是一

开篇一句描绘出了万物萌发却尚未复苏的状态，引出下文海棠的出现让人欣喜兴奋。

几句话多次运用拟人的修辞手法，"慢条斯理"赋予了枝叶人的情态，"你推我搡""捷足先登"赋予了花人的动作，枝叶焦枯的状态和花朵盛放的状态形成对照，好一盆稀罕而与众不同的海棠！

由景及理，写作内容从照料海棠上升到人生哲理，对自我的叩问，正是对人生价值的反思与追寻。

株植物，如果"焦枯"跋扈地定义了我的枝干，我还会葆有开花的心志吗？明知凋零就潜藏于日后的某一个时刻，我还会抗逆着令人畏缩的萧疏，毅然向世界和盘端出我丰腴的锦灿吗？

"如果说，一朵花很美，那么我有时就会不由自主地自语道：要活下去。"这是川端康成《花未眠》里面的句子。曾有个女生擎了书，认真问我："为什么看到一朵花很美，人就有了活下去的勇气呢？这两者之间有因果关系吗？"——这个问题，问得多好啊！我一直执拗地相信，好的问题本身就包裹了一个好的答案，犹如花朵包裹着花蕊一般。我没有急于为这女生作答，或者换言之，我舍不得贸然作答——我愿意将这个问题交给流光。

插叙一段小故事，进一步引出作者对花与人关系的思考，但未给出明确的结论，吸引读者继续带着问题阅读下文。

一朵花，它的象征意义委实值得玩索。当它在浩渺的时空坐标上多情地寻到你，当它以生命的炽烈燃烧慨然地点化你，如果你不曾在这一场特别的约会中汲取到强大的精神能量，你不该为自己的愚钝而捶胸叹惋吗？

——绽放，是一笔美丽的债，来人间还债的花与人，有福了。

坐在海棠花影中，想着这缤纷心事，突然不再担忧日后那场躲不过的凋零。当我再小心翼翼问起"海棠花在否"，即使我听不到枝头那热烈的应答，我也会用想象的丹青绘就一幅空灵画卷，供思想的蝶雍容栖止花间。海棠不曾负我，我亦未负海棠，我还要那些个赘余的幽怨惆怅派什么用场呢？

海棠与我互不辜负，因为我已从海棠中悟出了人生哲理：不必惧怕凋零，只需热情绽放。文章主题自此而升华。

——"焦枝海棠"，你喜欢我这样唤你吗？冰欺雪侮，夺了你枝上的颜色，你却以焦枯之躯，勤心供养出酬酢季节的娇美花串。焦枝是你风骨，海棠是你精魄。你可知，你至刚至柔的一句花语，怎样幽禁了我，又怎样救赎了我……

以我与海棠的对话作结，表达了作者对海棠花的喜爱与深情，点明海棠花对于作者的重要意义，也留给读者无尽的想象空间。

莲的确证

余光中曾说过：再没有什么花比莲更自成世界的了。莲是恋，莲是怜。莲经、莲台、莲邦、莲宗，何一非莲？莲是一种至高的境界，是美、爱、神的综合象征。

看到南开大学随录取通知书为2020级新生寄赠两颗莲花种子，不由心中咯噔一下。想，这神创意，究竟出自何人之手？我等浊物，竟有福与之共处同一星球？

那青莲紫的精致丝绒荷包里，眠着两颗玲珑莲种。南开殷殷嘱你：一颗种在桑梓，不弃初心；一颗种在校园，见证成长。网友大叹：这见面礼，真真帅爆了！

嗯，它若寄了枪头，我不讶异，我讶异的是，它寄了比枪头更具"杀伤力"的物件——它登时杀死了人心里的浊与俗，让那柔美如歌的情愫，礼花般恣意绽放天际。

能拿出这"豪礼"的学府，灵魂在高处。

当"两颗莲花种子"成功干掉国内外大事当仁不让地冲上热搜榜第一名时，我忍不住要朝着南开大学的方向鞠躬。

令人大跌眼镜的是，仅时隔数日，就又有一档"莲事"冲上了热搜——南京玄武湖的并蒂莲蓬被一名曹姓男子薅下，理由是"想拿回去给家里人看看"。

我哑然失笑。不禁想起了苏霍姆林斯基记述的那个故事——学校的花房里开了一朵硕大的玫瑰花，大家纷纷来赏。一个四岁的小女孩，从容不迫地摘下了那朵花。苏霍姆林斯基发现后

以余光中的话开篇，点明莲的丰富象征内涵，增强文章的文学效果。

"浊物""竟有福"，作者面对莲花种子，甘愿自降身份，可见对莲花的崇拜程度之深。

在内容上，由莲花的象征义联想到学校对学子的殷切期盼。

作者为何能从莲花之礼看出学府的灵魂呢？关联上文可知，枪头，指向人的肉体；而莲花，指向人的精神世界，让心灵变得纯粹。

两个故事，两种境界。同样面对莲花，一个尽显卑劣，一个充满善良。

揭示了两种看似相同行为的本质不同：一个明知道理，却因自私贪婪破坏美好；一个不谙世事，却让善良纯真感动人心。

问女孩为什么这样做，女孩回答说："奶奶病得很重，我告诉她学校里有这样一朵大玫瑰花，奶奶有点不相信，我现在摘下来送给她看，看过我就把花送回来。"看这理由，多刚！一个四岁的孩子，根本不懂得"落花难返枝"的道理，所以，她的做法得到了苏霍姆林斯基的谅解甚至赞美。

再回过头来看我们那位"巨婴"男同胞，他与那个四龄童一样，也是心念家人，但他清楚地知道"落花难返枝"，那也要冒天下之大不韪，奋勇薅下那并蒂莲蓬，亲手毁了那池中罕物。

但我还是想替这个"毁美"的男子申辩几句：在他的生命历程中，如果他曾获赠过两颗（一颗也成）丝绒荷包装着的莲种，他或许就不会那么鲁莽颟顸了吧？

文明与野蛮，在这个夏季，竟有机会通过莲得到一回确证。两番四百多万次的点击，也成为我说出"人间值得"与"人间不值得"的强有力的理由。

在写作内容上，由景物上升到人生哲理：为人处世，当心存敬畏、行有所止。

泰戈尔说："教育的终极目标，就是培养学生面对一丛野菊花而怦然心动的情怀。"从菊心看到众生，从莲心看到世界，因心存敬畏，故行有所止，因行有所止，故路路通达。

两个问题，直击人性深处，以此作结，留给人无尽思考。

昨日路过荷塘，又见青钱千张，又见烛焰荧荧。我想，设若这荷塘像玄武湖那般无心机地捧出一枝勾魂摄魄的并蒂莲，它能开到明天吗？我又想，设若这个城市有考生幸运地获赠了一个青莲紫丝绒荷包，他肯来此郑重投下一颗珍贵的莲种吗？这两个问题菟丝子般在我心中輵輵纠缠，引我发出一声叹息。

牡丹花水

坐在从兰州开往敦煌的旅游车上，一路不停地喝水。问自己怎么会这么渴，回答竟是，焦渴的大戈壁传染给了我难耐的焦渴。

导游王小姐是个锦心绣口的人儿。在讲当地的风土人情的时候，她说：你随便到一户人家做客，人家就会把你奉为上宾，用"牡丹花水"沏了八宝茶来款待你……我问邻座的燕子，什么叫"牡丹花水"？燕子说她也不清楚。我只好凭空猜测——仿佛就是，妙玉给宝玉、黛玉沏茶用的"梅花雪水"吧？从梅花的蕊上小心翼翼地收集点点细雪，融成一掬冰莹蚀骨的柔水。这"牡丹花水"，说不定就是采的牡丹花瓣上的露水雨水呢。这样想着，禁不住对那"牡丹花水"神往起来。

到了嘉峪关市，我们要用午餐。坐在餐桌边等着上菜的当儿，服务员来上茶了。导游王小姐笑着说：虽说不是八宝茶，却是"牡丹花水"，大家一路辛苦，请用茶吧！我万分惊讶地站了起来，瞪大了眼睛看着就要亲口品尝到的"牡丹花水"。但是，不对呀！服务员居然拎了个寻常的铝壶，咕嘟嘟给大家倒着最寻常的茶水。我跟燕子嘀咕道：开玩笑，这哪里会是"牡丹花水"嘛！燕子皱着眉头，一百个想不通的样子。终于，我忍无可忍地唤来了王小姐，问她，难道，这真的就是你所说的"牡丹花水"吗？王小姐听罢噗地笑了。她盯着我问：你以为"牡丹花水"是什么神水仙水呀？"牡丹花水"是咱西北的老百姓对开水的一种

"传染"一词，写出了身处戈壁，焦渴感时刻蔓延、难以抵抗的状态。

"我"的神往，也为文章设置悬念，为下文亲见"牡丹花水"做铺垫。

111

"屏蔽"一词，写出了作者忘却周遭、只沉浸于"牡丹花水"答案揭晓带来的冲击当中，引出下文作者情感的变化。

形象叫法——你仔细观察过沸腾的水吗？在中心的位置，那翻滚着的部分，特别像一朵盛开的牡丹花。

我"哦"了一声，双手捧住一只注满了"牡丹花水"的茶杯，眼与耳，顿时屏蔽了饭店中一切的嘈杂。

究竟是谁，在什么时候，怀着怎样的一种心情，给一壶滚沸的水起了这样一个俏丽无比的名字？世世代代，老天总忘了给这里捎来雨水。在茫茫的戈壁滩上，草活得那么苦，树活得那么苦，人活得那么苦。有一点浊水就很知足了，有一点冷水就很知足了，但，一个幸运的容器，竟有幸装了沸腾的清水！幸福的人盯着那水贪婪地看，他想，喔，总得给这水一个昵称吧？叫什么好呢？抬头看一眼窗外，院里的牡丹花开得正好，那欣然释放着的繁丽生命，多像这壶中滚沸的水啊！——好了，就叫她"牡丹花水"吧。

由景及理，可见关于"牡丹花水"的真相揭晓带给作者的并非失望，而是对戈壁新的认识，对生命新的思考。

我的心，在那一刻变得多么焦灼，竟恨不得立刻跑到饭店的操作间去看一眼从沸腾着的水的心中开出的那一朵世间最美丽、最独特的牡丹。这么久了，粗心的我一直忽略着身边最神奇的花开。我从一朵朵盛开的牡丹花旁走过，没有驻足，没有流连。是缺水的大西北给了我一个关乎水的珍贵提示，让我在此生一次平凡的啜饮中感受到了震撼生命的不平凡。

让人心疼，是因为这名字让人意识到沸腾清水在戈壁十分稀少、太过珍贵；让人心暖，是因为这名字里寄托着西北地区人们对生命之水的感恩、赞颂，承载着一代代对美好生活的祈愿。在文章的最后，作者重新阐释"牡丹花水"的深刻寓意，呼应题目，升华主题。

"牡丹花水"。"牡丹花水"。我反反复复默念着你的名字——一个让人心疼的名字，一个让人心暖的名字。人间烟火味里铺展着无尽的梦幻织锦，美好的感恩，由衷的赞颂，既素朴又华丽，既"农民"又"小资"。把所有对生活的祈愿都凝进这一声轻唤当中，让苦难凋零，让穷困走远——我的大西北，愿你守着一朵富丽的牡丹，吉祥平安，岁岁年年。

丁香何曾怕

我一直都糊涂地以为丁香的花芽是在春天里萌出的，直到我们学校的生物老师笑着告诉我，说我犯了学生常犯的低级错误。她说："丁香和白杨、玉兰、连翘一样，都是头年秋天落叶时就萌出了花芽，这些花芽要在枝上度过一个漫长的冬季呢！"

于是，我决心陪一个丁香花芽走过漫漫长冬。

我选中了一株距离我办公室一箭之遥的丁香树。我知道那是一株白丁香。有一年，它开花的时候，我曾看到一只小灰蝴蝶朝着它飞，却像遇到了孙悟空用金箍棒画的"避魔圈"一样，它的翅膀徒然扇动，却无论如何都飞不上丁香枝头。我这厢边暗暗替它用力，但是，没有用的。它一次次被一种看不见的力"推"了回来。我纳罕极了。问自己：莫非，它是被那浓重的香气推开的么？这样想着，我对白丁香馥郁的芳香遂生出了一丝敬畏。

2016 年 12 月 8 日，我为这棵树上的一个丁香花芽拍下了第一张照片。

我没敢告诉那位嘲笑我的生物老师，我还有更低级的错误呢——我常常傻傻分不清花芽与叶芽，还以为它们心情好了就开成花，心情差了就长成叶呢。

有了这张丁香花芽图，我终于彻底搞清了花芽与叶芽的区别，原来，它们在"娘胎"里时就被定了性。

我多么惊奇！12 月，第一场雪还在遥远的路上，丁香花已经在一个小小的绿色花苞里探头探脑了！那细密的、绿鱼子一

"糊涂""低级错误""漫长的冬季"，欲扬先抑，引出后文作者认识丁香花的过程。

继续设疑，进一步推动情节发展。

照应开头，为下文对丁香花花芽与叶芽的探索做铺垫。

般挤在一起的小小花蕾，毫不客气地拱破了花苞，仿佛在说：我们倒是要好好瞧瞧，冬天究竟是何等模样！

滴水成冰的日子里，我惴惴地去看我的那个丁香花芽。嚯！除了花苞的颜色变深了一点之外，一兜探头探脑的小绿珠依旧精神抖擞。那么娇嫩，却那么抗冻，谁说耐寒的唯有松柏？

丁香何曾怕？丁香何曾怕？丁香何曾怕……我手里捏了一支签字笔，下意识地在一本杂志的封底上写满了这句话。

追踪丁香花芽的日子，我心里揣了一份隐秘的、无可诉人的欢悦。

那一天，兴冲冲地翻查《镜花缘》，问作者李汝珍：那司丁香花的仙子叫什么来着？当我终于找到"玉壶冰钱玉英"时，我忍不住笑出了声——我邻家嫂子也叫玉英呢！嘿嘿，那丁香花仙子，竟有个如此烟火气的名儿。

千遍呼，万遍唤，春，终于慢腾腾地来了。我的丁香花芽，眼见得一天比一天鼓胀起来。

2017年3月23日，我看到那些绿珠子们已彻底从花苞中脱颖而出。为了这一刻，他们准备了100多天啊！我的舅舅曾告诉我，他养的山茶花，孕蕾期长达半年之久。今天，我多想告诉我远去的舅舅，丁香花的孕蕾期也长达小半年呢。

几个女生围过来看丁香花了。她们叫唤着："这一树是白的！那一树是紫的！"我思忖着，待丁香花盛开的时日，我该怎样向她们展示我拍的那一组丁香孕蕾图，告诉她们，丁香花，看上去至柔至弱，却有着铁打的魂、钢铸的魄……

李汝珍写道："天上枝枝，人间树树。曾何春而何秋，亦忘朝而忘暮。"我呆想，若是叫我喜欢的作曲家阿敏给这词谱了曲，一群女生坐在盛开的白丁香树下唱，一定很仙。

"挤"字，写出了花蕾的数量之多；"拱破"，写出了花蕾生长欲之强烈，展现了丁香花旺盛的生命力，表达了作者的惊喜之情。

将此番体会重复三遍，更显作者对丁香花顽强坚韧品质的体会之深与赞美之强。

再次发现关于丁香花的奥秘，作者"忍不住笑出了声"，可见，随着认识的深入，作者对丁香花的喜爱不断加深。

采用顺叙的叙述方式，以时间为线索，时间的推进，意味着丁香花的成熟，也暗示着我对丁香花认识的深化。

点明丁香花的精神品质：外柔内刚，升华主题。

秋窗风雨夕

当年读《红楼梦》，爱到心头滴血的诗，竟不是《葬花吟》，而是《秋窗风雨夕》。

"不是……而是"一词，突出作者对《秋窗风雨夕》的偏爱。

清楚地记得，我逐句查数过全诗中哪句带了"秋、窗、风、雨"四字中的哪一字；并且，我用心地背诵过它；每年一到秋雨连绵时节，心里一准会吟诵起"秋花惨淡秋草黄，耿耿秋灯秋夜长，已觉秋窗秋不尽，那堪风雨助凄凉……"所以，于我而言，真正的秋风，不是打从夏末吹来的，而是打从《秋窗风雨夕》的字里行间丝丝缕缕汇聚而来的。

及至后来，听到王立平为《秋窗风雨夕》谱的曲，欢喜得紧。只听了一遍，就差不多会哼唱了。

记得王立平曾说过，曹雪芹在《红楼梦》中几乎把什么都写清楚了——建筑、家什、花木、衣饰、饮食……唯有音乐，"一个音符都没有"，只能"无中生有"地创造。凭空为《红楼梦》中的十几首诗词谱曲，又要谱到每个"红迷"的心坎上，谈何容易？但是，王先生说，只要能将自己的名字与曹公的名字并写为"曹雪芹词，王立平曲"，"上刀山、下火海，也值了！"

他哭着、笑着、疯着、魔着，整整写了四年……

两个动词连用、两个形容词连用，从动作描写到心理状态，表现了王立平为《红楼梦》写曲时复杂矛盾的情感状态。

曹诗与王曲，契合度那么高，以至于让我觉得，《红楼梦》问世二百多年来，一直是天缺一角，直到等来了"把全部才华都献给了《红楼梦》"的王立平，我们头顶那胭脂色的穹隆，才真正完满起来、嫣润起来。

如果说王立平是曹雪芹的知音，那么，陈力就是曹、王的知音。不能是李力，也不能是赵力，必须是陈力呀，还必须是那个时期的陈力呀。

王立平焚心泣血地把曲子谱好了，却苦于选不出能完美地演绎它的歌手。在否定了众多专业歌手之后，他寻到了名不见经传的长春一汽业余歌手陈力。当时的陈力，忍受着丈夫去世的悲恸，接过了这一宿命般的重任。她练唱时，女儿无比气愤，甚至气到不再跟妈妈讲一句话。因为在女儿看来，妈妈是万不该在此时唱歌的。女儿哪里知晓，妈妈是把寸断的肝肠都揉进歌中了呀……

一个是泣血成书。

一个是泣血成曲。

一个是泣血成歌。

三个泣血，其实都是在为林妹妹泣血。这些"泣血"撞在一起，使得悲戚惨怛的《秋窗风雨夕》具有了惊魂掠魄的力量。

尘世间，唯有具备"灵魂相似度"的人，才可能真正彼此读懂。精神的血缘，可以跨越时空，将失散已久的亲人，紧紧绾结在一起。

秋雨中，我打了个寒战，《秋窗风雨夕》旋即从心底姗袅而来。仿佛是，它一直蛰伏在那里，从去年秋天，一直蛰伏到今年秋天，只等我一个寒战，它就携着比秋雨更寒的秋意，侵蚀了我，浇熄了我，捣碎了我。

"谁家秋院无风入，何处秋窗无雨声？"这"砭人肌骨"的秋风秋雨，它是来偷取人心上的青葱绿意的呀！吟唱一回《秋窗风雨夕》，我的生命就飘逝一缕。今秋这个吟唱的我，已不再是往岁那个吟唱的我……床榻间辗转难眠之际，耳畔是高一声低一声的《秋窗风雨夕》。我想跟这入骨的纠缠说声"再会"，然而，不能够的。它们抚遍我的周身，潜入我的三万六千个毛孔，令我于寒彻中顿然洞悉了尘世之纷扰——素日看重的，此刻想要撇弃；素日看轻的，此刻欲拥入怀。

一个好的作品，真真具有宗教般的伟力啊！

后来，又听了吴碧霞、郑绪岚、童丽、本市歌星们演唱的《秋窗风雨夕》。几乎每个人，只要唱到第一句"秋花惨淡秋草黄"的"草"字时，我就忍不住叹气了。陈力口中的那个"草"字，能黄到你心尖上、枯到你眉睫间；而她们口中的那个"草"字，或炫技，或蛊溺，或狎昵，或甜腻……唉，唱惯了甜歌的妹子，贸然尝试这苦郁的歌，又有那陈力在上，这不是自毁的节奏吗？

悲的力量其实是远大于喜的力量的。有人说，中国历史上没有真正的悲剧作品。还好，我们有个《秋窗风雨夕》。它带给我的痛感以及痛感后的审美快感，是《春江花月夜》之类的诗所永远不能给予我的。

秋了。我看见许多音符，都随秋叶一同零落成泥了。而那风中兀自摇曳的一枝，愈显得风致旖旎。——听哦，是谁叩窗，向你嘘寒……

痛感，是从情感接收方面强调这首诗带给人的悲伤和痛苦；快感，是从审美体验方面强调这首诗带给人的享受与愉悦。此一句，将二者的关系充分展现出来。

乐中有景，景中有人，情景交融，余韵悠长。

给它一个攀爬的理由

开篇简洁明了，直入主题：种植爬山虎的故事。

秃的墙，没有看头。便有邻居建议，干脆，咱种些爬山虎吧，不消两年，这墙就全绿了。

爬山虎是一种皮实的植物，很容易活。"压条"后，叶子打了两天蔫儿，但一场雨过后，打蔫儿的叶子下面就冒出了红褐色的新芽。

接下来的一切似乎应该没有悬念了，墙在侧，"虎"善爬，听凭它们由着性子去编织美丽故事好了。

让情节偏离常规，"意外"到来，推动情节发展。

然而不然。爬山虎竟然背弃了那墙，毫无章法地爬了一地。

"怪了！这些爬山虎的'虎气'哪里去了？怎么跟地瓜秧一个脾性了？"一位邻居讶异地说。

我们请来了生物老师。他告诉我们说，墙面太光滑了，爬山虎卷须上的黏性吸盘无法吸附在上面，要将墙弄成麻面才行。

说干就干。我们借了电钻，开始兴致勃勃地破坏那墙面。

经过小半天的奋战，墙体变得面目全非了。我们又不辞辛苦地拉来水管，冲净了那蒙在爬山虎叶子上的白灰，又将那长长的爬山虎藤条一根根搭到墙上的花窗孔中，然后正告它们道："这下，你要是还不爬，可就没有道理啦！"

第一次行动未能如愿，"意外"继续，进一步推动情节发展。

居然，它还是不爬！

生物老师又来了。他挠着头皮说："可能是原先生出的黏性吸盘已经过性了，也就是说，它们在最适合找到攀附物的时候没能找到攀附物，吸盘就在藤条上干枯了；而藤条顶端嫩芽上新生的吸盘又无力带动那么沉重的一根藤条，所以，这爬山虎就难往上爬了。"

看着匍匐一地的爬山虎，我们万分沮丧。

以为只能这样了——新的藤条从根部滋出后，张开眼，欣欣然发现旁侧已有我们殷勤打造的适于攀爬的墙面，于是欢呼着，将卷须上小小的吸盘快乐地吸附于墙面，开始了傲视前辈的向上奔跑；而匍匐的藤条只有怨恨地委身地面，看别人飞翔。

清晨，我照例路过那面令人纠结的墙去上班。却见一位父亲带着一个男孩在那面墙前忙碌。再仔细看时，我惊叫了起来。——天！那父子俩居然在用透明胶条一根根往墙上粘那藤条！他们已经粘了十几根了。丑陋的墙，被漂亮的绿藤装饰出诗意。

我对那父亲说："你真行啊！太有创意了！"

那父亲嘿嘿一笑说："不是我，是我儿子想出的办法。跟咱们一样，他也在暗暗为这些爬山虎用力啊！看它们实在爬不上去了，他就说：咱们帮它们爬上去，这样，后长出的藤条借着老藤条往上爬，会更容易些……"

如今，那面墙已经被深深浅浅的绿所覆盖，大概很少有人想起这一墙爬山虎初始的故事了吧？而我却不能忘怀。每次走到这里，我都忍不住驻足。我思维的卷须上生出一个个小小的吸盘，有自嘲，有自省，有自警，有自励。作为一名教育工作者，我问自己，我是否给了每一株怀有向上热望的爬山虎一个攀爬的理由？当理想的藤条在现实面前怆然仆地，我能否像那个可爱的男孩一样，不沮丧、不懊恼、不怨艾，智慧地拿出自己的补救方案，将一根根自暴自弃的藤条抬举到梦的高度？

第二次行动结束，仍未见到预期结果，心情跌入谷底，但也预示"转机"发生。

"转机"到来，作者心情明显变化。

"诗意"一词，写出了藤条错落有致的样子，表达了作者的喜悦与赞美之情。

由物及理，从种植爬山虎的经历中产生对自我的反思：保持积极热情，托举每个生命。

119

拥抱大树

那一年，我被摆在一连串的灰色故事面前，狼狈不堪地充当着倒霉的主角，心情坏到了极点。朋友怜惜地看着形神俱损的我说："去西天目山拥抱大树吧！有份材料说，拥抱大树能够释放人体内的快乐激素呢！"

欲扬先抑，引出下文拥抱大树的经历。

不指望这个方子能起效，但我还是去了。

随山路转了几个弯，猛一抬头，"大树王国"赫然入眼！

好大的树！好美的树！苍翠，雄健，挺拔，奇迹般高入云端。我奔向最近的那棵古树，拥抱它，问候它，在心里悄悄对它说："谢谢你在这里站了一千年，耐心等我。"这句不曾说出口的话漫过心堤时，我眼底竟有了涩涩的感觉。抬起手，触摸树干背阴面凉而腻的厚厚青苔，仿佛触摸前朝。

将眼前之景与历史相连，使文章有了更强的文化寓意。

一棵棵千年古树殷勤地搭起凉棚，送我们沿古道往前走。耳畔传来一声声高亢的鸣唱，似银铃齐摇，又似孩童齐笑，而在这摇与笑中，还杂有一丝撒娇般的奇妙震颤，是我从未聆听过的稀罕声音。我问朋友："这是什么鸟在叫——叫得这么好听？"朋友笑着说："不是鸟，是天目山独有的一种蝉。前些日子，日本有家电视台到天目山来采集大自然的声音，一群人被这蝉声给迷坏了。"——是蝉鸣？我循着那高亢的鸣唱仰头望树，想，大概只有这样的树，才配栖止这样的蝉吧。

运用了比喻的修辞手法，把蝉鸣比作银铃齐摇和孩童齐笑，形象生动地写出蝉鸣的清脆、明澈、嘹亮，引出下文我和朋友的对话。

沿途所有能够亲近的大树，都被我一一拥抱过了，连同那被天剑剖腹却依然用巴掌大的丁点儿绿色顽强摘取阳光的"冲天树"，连同那因乾隆一句好奇的赞叹而终遭揭皮剐肉之祸的"大树王"。在拥抱大树的时候，我怨自己的手臂不具备藤蔓的柔长，我不能将任何一棵大树真正拥入怀中，我只是用意念环抱了它们。

"意念"一词，将主观想法附着在了客观景物之中，引出下文作者面对大树时的思考。

在那棵 12000 岁的银杏树旁，我索性坐下了。我闭目冥想——当年的一颗种子飘然飞落于悬崖上的罅隙间，一番番冰侮雪欺，一番番雨骤风狂，那颗种子，怀抱着一个不死的愿望，从一茎青嫩的幼芽出发，一路唱着能将冰川烤化的歌谣，生长，生长，生长。一个又一个的世纪在眼前翻页，同行的伙伴纷纷凋谢了生命，只有这棵擅长消化痛苦的银杏，用葳蕤的音乐为自己伴奏，从容批阅尘世间纷至沓来的季节。一声蝉鸣被诠释为大地寄语，一滴甘露被解读为江河托梦。于是啊，一棵树，蔓延成了一片树，你用生命的无尽繁衍答谢岁月、酬和光阴——"五世同堂啊"，大家微笑着恭贺你，犹如恭贺家族中一位年高德劭的尊长。我看见，你分明做出了一个凌空欲飞的姿态，却又不真飞去，只遣自己的灵魂翱翔天际，唯其如此，你才能活成寓言，活成神祇。

"批阅"一词，运用拟人的修辞手法，形象生动地写出了银杏树从容主动应对季节变化的状态，展现了银杏树的坚韧顽强，表达了作者的崇敬之情。

我无法靠近这棵崇高的银杏，它栖身悬崖，谢绝了我的亲昵。那就请允许我完成一个虚拟的拥抱吧！我伸展双臂，怀中登时开满缤纷花朵……

把银杏树比作尊长，写出了银杏的历史悠久、品格坚毅，表达了作者的崇敬之情。

"是不是为抱不到这棵大树而遗憾呢？"朋友笑着对我说，"据本人粗略统计，你今天已经拥抱了 32 棵大树——很可观了！"

噢，我可以甘心地往回走了。

来自一万年前的蝉声织成了一张绵密的大网，将我幸福地罩在其中。我郁结于心的痛苦，居然神奇地冰消瓦解了。

终于明白，哪里是我在拥抱大树？分明是大树在拥抱我啊！从远古踏歌而来的抚慰，这样虚幻，又这样真切。一片落叶轻

由物及情，由物及理，大树不仅抚慰我的心灵，也让我对生命的理解得到升华。

拍我肩，竟逗落了我眼里大颗的泪滴。在被大树拥抱的瞬间，我听到了原先被我忽略的微弱心音。有一种昭示，来得这样婉曲；有一种救赎，来得这样彻底。我已然懂得，生长的骄矜原可以笑傲一切屈辱。

——我来之前，大树已在那里；我走之后，大树仍将在那里。那32棵大树，会用年轮的唱片反复播放一段与拥抱有关的美妙乐曲吗？不管它会不会，反正我会。

以"我"之渺小，衬树之永恒。不变的是生命的伟岸，变化的是作者的心境。

一湖云

来到镜泊湖，获赠一湖云。

此前，我被允来此处戏水泛舟，啖鱼赏瀑，何曾逆料，她送我的见面礼，竟是一湖云！

才知道为何会用"镜"来命名一个湖。当真就是一面平滑洁净的"镜"啊！苏轼所谓"风静縠纹平"，应该就是此番景象吧。再看那"镜"中的白云，一朵朵，仿若被绣在了湖的天心。一时间，我竟可笑地以为，只要我的手法足够高妙，我就能轻巧地揭下那一匹匹美丽的织锦，裁袍缝衣，一任我意。我大张了双臂，在意念上拥住了这一湖云。我深信，我此刻拥住的，已是这个湖所能给我的绝顶美色。我仰头望天，跟云们说："嘿！你们一个在天上，一个在湖中，硬是把我夹在中间——你们，竟不怕生生把我美死吗？"倏然间，莫西子诗的歌从唇边冒出来，冒出来牢牢缠住了我——"我们就只是打了个照面，这颗心就稀巴烂……""稀巴烂"的心，一点点被我抛进水中的云端，覆水难收。

坐在餐桌边，却不停地勾头看手机。我在搜索镜泊湖的四季气温以及牡丹江的房价。搜完了，自嘲地暗问："难道，你竟是打算来此地定居吗？"——我狂野不羁的"打算"，总是华丽丽越过了我谨伤审慎的理性，以一副荒唐至极的面目，小丑般跳到我面前。然而此刻，我却无意自嗔自责。我温柔地对那个荒诞不经的"打算"说："要怨，也委实怨不得你。"

借宿湖畔的几天，天天怀着不可告人的目的，来湖边找寻那一湖云。然而，镜子沉入了湖底，湖面起了波澜；天上的云，也早已不知所终。可我却是多么执拗，直到上车前，还借口去洗手间，跑到落地窗前瞄了一眼那湖。特别渴盼瞄见那一湖云，特别害怕瞄见那一湖云——我想要一个重温的时刻，又担心多一份牵绊的理由。

我回到了远离那一湖云的城市。

不能听到有人提及镜泊湖，不能听到有人提及牡丹江，甚至不能听到有人提及东三省，只要一听到，立刻进入极度兴奋状态，自顾自开讲"一湖云"。

单位对面有个烟雨湖，小得可怜，湖面没有云朵来殷勤投影。深秋时节，我和白头的芦苇们并排站在湖边。面对琥珀色的湖水，我听到我心底有个声音在说："请允许我为你做一件事——把我获赠的一湖云，转赠给你吧！"我开始不辞辛苦地从心头往下卸那些繁丽的云朵。它们那么轻盈，那么乖巧，那么听任人摆布。很快，我就卸了满满的一湖云。我俯首凝视自己的怀抱，仿佛是要检点心头还剩有几多白云。突然，我兀自笑起来，因为，我发现自己心中的云朵居然越卸越多……湖畔有红男绿女在走，然而，没有人看见我"卸云"的壮举。芦苇们前仰后合，仿佛在笑，莫非，它们觉察到这湖起了微妙的变化？反正它们和我

一样，莫名欢悦起来。一湖云，厚待过我，抚慰过我，招引过我，追随过我，幽禁过我，救赎过我。在太阳底下那面硕大的镜子旁，我接受了一种异样的美的点化，从此，我的怀抱不再寂寞空虚。

心中装有一湖云，逢水即牧一湖云。云在我心上，我在云心头……

开在石头上的美丽心花

听一位懂玉的老师讲玉。

他制作了漂亮的电子幻灯片，边轻点鼠标，边娓娓讲解——玉，石之美者。古人将玉道德化，说它具备"五德"：润泽以温，仁之方也；鳃理自外，可以知中，义之方也；其声舒扬，专以远闻，智之方也；不挠而折，勇之方也；锐廉而不忮，洁之方也……他沉浸在玉温润的光泽里，连声音都有了玉的舒扬。

他把玉讲出了花来！他一边讲，我一边偷眼觑着周围几个颈项上、手腕上戴了玉的女子，觉得她们仿佛登时骄矜地成为美玉的代言人，又觉得古人赞玉、颂玉的雅词丽句仿佛都是写给她们的；甚至不远处一个名字里带"玉"字的女子也惹得我忍不住一眼一眼地频频观瞧，原本姿色平平的她，竟被我看瞧出了几分美艳。

老师讲到了玉的沁色，又讲到了玉的包浆。

——什么叫"包浆"？

这是听众中发出的一个小心翼翼的询问。

怎么？你连什么叫包浆都不知道吗？老师善意地笑着说，然后沉吟道，包浆嘛——哦，包浆就是包浆了！说完，连他自己都被逗得笑起来。

让我怎么说呢？包浆其实是世间最美丽的一种花朵。我查过《现代汉语词典》，还真没有包浆这个词。我先不做解释，先给你们举个例子吧。比如你们家铺的竹凉席，新买来的时候，

避开"玉"的自然属性，而从"玉"的象征内涵写起，为文章奠定了浓厚的文化基调。

不详写"玉的沁色"，而着眼"玉的包浆"。从大家不甚关注的角度切入，吸引读者兴趣，也将为读者层层揭开玉不为人知的价值。

花朵是美丽的，也是成长发展历程中的成果，以此作为喻体，将包浆的表象特点和过程中积淀的创造、勤劳生动形象地体现出来。

上面难免有些毛刺，睡在上面，老不踏实的，因为说不定什么时候，它就可能往你肉里扎进一根牛毛般的细刺；而老家用过几十个夏天的凉席，光滑舒适，上面还有了一层光亮的东西，那东西就叫包浆。还有，老农民用了多少年的锄头，把柄上也会形成一层厚实的包浆。——明白了吗？大家不妨再想想看，还有什么东西上可能有包浆呢？

石器上。木器上。瓷器上。草编上。织物上……大家七嘴八舌地说。

老师说，很好，现在你们已经知道什么叫包浆了。我们是不是可以这样定义：一些器物，由于长年累月地被人使用或者厮守触摸，其表层形成的一种滑熟可喜、幽光沉静的蜡质物，这种蜡质物就叫包浆。

由对包浆自然属性的讲解，上升到对其文化内涵的阐释，文章立意自此又升一格。

老师接着说，包浆承载岁月，见证光阴，铺满了包浆的古玉赏心悦目，温存可人。古人崇尚玉德，又讲究用人气养玉。养玉的过程，称作"盘"。古人又将盘玉分成了三种，即文盘，武盘，意盘。文盘用手摩挲；武盘用刷子刷，用绸子揉；最有趣的是意盘，顾名思义，意盘就是用意念去盘，你不停地想啊想，想它是个什么样子，它果然就成了什么样子……

我们轻轻笑了。

通过否定前两类"盘玉"，引出自己对文盘的偏爱，欲扬先抑。

在这"三盘"里面，我不喜欢武盘，带着一个功利的目的去蹂躏那玉，即便形成了包浆，也一定既不养眼，也不养心。

我也不相信意盘，太荒唐，太玄虚，像气功大师的意念搬砖一样不可信。

我喜欢文盘。

我喜欢想象很久很久以前，有个人，很神气地佩了一块美玉，也好比是，随身携了一个精神的引领者。闲来无事，就爱用手去触摸亲近它一番。那指纹认得了那玉，那玉也认得了那指纹。手在一块通灵的石头上从容地游移，所有的杂念都被荡涤得一干二净，狂躁、嫉恨、猜疑、焦虑、厌倦、忧悒等不良情绪统统被挡在了心域之外。那一刻，乾坤清朗，花儿开放，玉的精神和人的精神融为一体，难分彼此。

那个比方真好——包浆其实是世间最美丽的一种花朵。爱玉的人，会情不自禁地用爱抚的方式去领悟玉的美德。盘玩的过程，其实是一个"玉我同化"的过程。玉在我手上，我在玉心里。说到底，包浆其实是爱玉者慨然赠予玉石的一朵手感细腻温润的心花。

心思总在一个地方流连，手指总在重复一种舞蹈，石头怎能不拥有丝绸样的灵魂？木头怎能不说出锦绣灿烂的语言？

——我愿意倾心去盘一块玉，让包浆成为它惊世的华服；也愿意让那块玉来盘我，让我的爱作别鄙陋与毛糙，开出世间最沉静、最美丽的花朵。

借助想象，作者层层揭开文盘之于自己的独特价值：荡涤杂念，净化心灵，涵养品格。

由物及人，进一步思考玉和人的交互关系，文章的立意再次提升。

两处"愿意"连用，直抒胸臆，表达自己对玉的喜爱和对人与玉关系的深刻认识。

来自蝴蝶的一个吻触

这"诗意的揣想"，将原文转瞬即逝的吻触放置到了时间的长河之中：向前看，它与过去的时间产生了微妙的联系；向后看，它又将唤醒人们对未来的畅想。在对过去的追问与对未来的想象中，一个短暂的瞬间也有了时间的广度。

"粗糙"与"重要"对举，"粗糙"写出了生活中众多事件的无聊与浅显，缺少动人的细节；而"重要"则是他们被强行赋予的意义。正是因为其"粗糙"之实和"重要"之名的矛盾，"我"才越发麻木且善于淡忘。

你怎么也不会想到，来自蝴蝶的一个吻触是怎样的美丽和神奇。

这是个寻常的午后，满眼是闹嚷嚷的花，我独在花间小径上穿行，猝不及防地，一只蝴蝶在颊上点了一个吻触。我禁不住一声惊呼，站定了，眼和心遂被那只倏忽飞走的蝴蝶牵引，在花海中载沉载浮……良久，我发现自己的身子竟可笑地朝向着蝴蝶翩飞的方向倾斜——不用说，这是个期待的姿势，这个姿势暴露了这颗心正天真地巴望着刚才的一幕重放！

用心回味着那转瞬即逝的一个吻触，拿手指肚去抚摩被蝴蝶轻触过的皮肤。那一刻，心头掠过了太多诗意的揣想——在我之前，这只蝴蝶曾吻过哪朵花儿的哪茎芳蕊？在我之后，这只蝴蝶又将去吻哪条溪流的哪朵浪花？而在芳蕊和浪花之间，我是不是一个不容省略的存在？这样想着，整个人顿然变得鲜丽起来，通透起来。

生活中有那么多粗糙的事件，那么多粗糙的事件每日不由分说地强行介入我的生活。它们无一例外地被"重要"命名了，拼命要在我的心中镌刻下自己的印痕，可不知为什么，我却越来越麻木，越来越善于忽视和淡忘那些所谓的"重要"事件。炸雷在头上滚过，我忘记了掩耳，也忘记了惊骇；倒是一声花落的微响，入耳动心，让人莫名惊悸。那么多经历的事每每赶来提醒我说那都曾是被我亲自经历的，我慌忙地撒下一个网，

128

却无论如何也打捞不起它们的踪影了。

今天，来自蝴蝶的一个吻触，是这样深深打动了我的心，且给了我深刻铭记的理由。微小的生命，更加微小的一个吻。仿佛，尘世间什么都不曾发生，但又分明有什么东西被撞击出了金石般的轰响。倏然想到李白笔下的"霜钟"——一口钟，兀自悬空，无人来敲，它抱着动听的声响，缄默着走进深秋；夜来，有霜飞至，轻灵的霜针一枚枚投向钟体，它于是忍不住鸣响起来，响彻山谷，响彻云霄。想来，世间最细腻、最别致的敲击与世间最细腻、最别致的吻触，大约都是最能拨动人心弦的东西吧？沧海当前，却以一粟为大。脑子里放置着一个有趣的筛子——网眼之下，是石块，是瓦砾；网眼之上，是碎屑，是尘沙。

——好，就让我窖藏了这个寻常的午后吧！就让那来自蝴蝶的一个吻触沉进最深最醇的芳香里，等待着一双幸福的手在一个美丽的黄昏启封一段醉人的往事……

"打捞不起"四字，写出了作者纵然在心态上想要竭力寻找，但结果上仍然一无所获。

把寻找记忆的过程比作用筛子筛物的过程，"石块瓦砾"即"粗糙的事件"，"碎屑尘沙"即"细腻的东西"。这一比喻，呼应了上文"撒网打捞记忆"，表达了作者对于微小生命价值的思考，对于遇见拨人心弦瞬间的渴求，以及对于生命中刻骨铭心记忆的珍重。

阅读与练笔（四）

阅读理解

《草木的权利》

1.老板介绍的绿植名称和它们的原名差异很大，结合文章内容，谈谈人们为什么给绿植改名？

2.结合文章内容，请你谈谈作者为什么坚持认为这些绿植原来的名字更好、更适合这些植物？

3.你知道有哪种植物现在的名称和原来的发生了变化？你认为哪个名称更好？为什么？

《莲的确证》

1.在这篇文章中，作者提到南开大学随录取通知书为新生寄赠两颗莲花种子，结合文章内涵，请谈谈你对南开大学这种做法的理解。

2.都是摘下了花朵，为什么曹姓男子和4岁小女孩得到了不同的评价？

3.在文章结尾处，作者为什么在设想了多种情形后会发出叹息？

《开在石头上的美丽心花》

1.请概括文中的老师在讲解"包浆"时，举了哪些例子？这些例子体现出"包浆"有什么特点？

2.作者认为文盘、武盘和意盘有哪些不同特点？

3.人盘玉是合理的行为，而作者在结尾处却说"让那玉来盘我"，如何理解作者的这一说法？

邀你试笔

1.很多人喜爱种花，播下花种，期待收获美丽、收获活力。生活中，种下勤奋的种子，绽放成功的花朵；种下善良的种子，绽放幸福的花朵……种花的少年，满怀青春梦想，种下什么种子，绽放怎样的花朵？

请以"种花的少年"为题写一篇文章，文体不限（诗歌除外）。

2.北宋著名思想家程颢曾说："万物静观皆自得。"作者在本章的每篇文章中，都向我们诠释着对世间万物真正的尊重与深刻的感悟。

在我们的身边，有着多种多样的植物，"草木有情皆长养，乾坤无地不包容"，我们的很多成长记忆与感悟都与身边的植物有关，值得品味。

请在"我生命中的 _____"横线处填入一种植物，并以此为题目写一篇文章，文体不限（诗歌除外）。

3.如果你有机会与自然界中人类之外的某种生物角色互换一天，你会选择换成什么，会发生怎样的故事？请你发挥想象，写一篇记叙文。题目自拟。

"阅读理解"参考答案

《草木的权利》

1. 在当今社会很多人更加看重物质利益，为了迎合人们的这种想要发财赚大钱的心态，就把这些绿植改了名字，满足人们图个吉利的心态。

2. 作者认为所有植物都有自己的生命尊严，是有独立的生命意志的。它们原来的名字是草字头或者木字旁，这才符合它们自身的属性特征，而不是被人为强加上其他的标签，这是对这些生命的不尊重。

3. 答案提示：

第一步：点明自己要介绍的植物现在的名称、原名各是什么；

第二步：分别介绍植物的原名、现名的含义是什么，得名原因是什么；

第三步：表明态度，认为哪个更好，是从什么角度采用什么标准来进行评判。

《莲的确证》

1. 录取通知书是发给新生的，体现了学校对学生的人格品质、身心健康、学业技能等多方面的期待。莲花代表着君子的高尚品格，作为种子，具有未来无限生长的可能性，蕴藏着无限生机。用莲花种子作为送给新生的礼物，生动形象地体现出学校对学生拥有崇高人格、纯净心灵的要求，对学生拥有活力、拥有强劲的成长动力的期待，以及对他们能够不断进步发展、成人成才的美好祝愿。

2. 曹姓男子明知道自己的做法是在残害植物的生命，却为了自己的一己私利而扼杀美，所以是错误的；故事中四岁的小女孩在不知道花折下就不能再复原的情况下，希望把美传递给所爱的家人，是对爱和美的传递，所以属于天然纯粹的对美的喜爱。

3.作者深知在当今社会背景下，很多人或盲目追逐名利，或只顾自私自利，莲及其所代表的美、善、生命的纯粹纯真这些美好的品质很容易被人们所漠视，这叹息体现出作者的担忧之情。

《开在石头上的美丽心花》

1.文中的老师在讲解"包浆"时，举了百姓家中的竹凉席使用过很长时间之后，会从有毛刺的状态变成光滑、光亮的状态，还举了农民使用的锄头手柄，在长期使用后也会产生厚实包浆。体现出"包浆"需要人与物进行长时间的接触，才会具有润泽、光亮的特点，举例也表明"包浆"并不是只为玉石所独有，是生活中很多物品都可以产生的，是具有普遍性的。

2.武盘是通过其他工具与玉石发生接触，意盘是靠意念而不是实质上与玉石发生接触，只有文盘是用人的手亲自去接触玉石，这也是作者最推崇文盘的重要理由。

3.玉石的包浆之所以美丽，是因为人对它倾注的心力，作者认为在这样的过程中，玉石的变化过程也是对人的一种影响的过程，让自己性情上的毛糙、繁杂之处也变得平滑、纯净，使盘玉的过程与人的个人修养提升、心灵净化形成融合统一。

第五章

怕它孤寂

通盘无妙手

传说中人物行为的奇妙，激发起读者对下文内容的阅读兴趣。

第一次接触"运斤成风"这个成语，我惊呆了。一个人在鼻子上抹了一点白土，另一个人举起斧子朝那土砍去，结果，土被砍掉了，鼻子毫发无损——这个持斧人，有一双"鬼手"。后来，我在书页上结识了一些被唤作"陈妙手""王妙手"的医者，也结识了一些被唤作"赵金手""李金手"的弈者。他们或有回春之力，或有回天之功，煞是惹人艳羡。

稍大一点的时候，我迷恋上了绣花。也曾在"七夕"虔心乞巧，祈求自己有一双"绣成安向春园里，引得黄莺下柳条"的巧手。

藏在"指纹"里，意味着天生的、不可更改的，令读者心生疑问，是否自己无法得到了呢？

——鬼手、妙手、金手、巧手，都是芸芸众生求之不得的。我一度相信，这些手，都被上帝深情吻过，指纹里藏着永不失落的好运。

我是从什么时候开始不再怀有被上帝一吻手指的热望了呢？我说不清。总之是伴随着成长，我蜕壳般蜕掉了那些不切实际的幻想。

让自己顿悟的经典话语，是用充满矛盾含义的字词组成的，一方面回答了前文让我产生认知变化的原因，另一方面也激发了读者的新兴趣，这看似不合常理的文字背后的真意是什么？

而真正让我放下对"妙手"执念的，则是读刘红女士的书《通盘无妙手》。

一个被生活虐待过也善待过的人，突然就对书中"善弈者通盘无妙手，善战者无赫赫之功，善医者无煌煌之名"心领神会了。

刘红女士是一位资深私募基金经理。我是因为购买她主持的基金而顺藤摸瓜读起她的书来的。

她深入分析了"小白"理财者普遍存在的投机心理——带着"玩玩"的心思购买基金，梦想撞到牛市，日进斗金，一夜暴富，于是一路追涨杀跌，最终难免血雨腥风；正确的理财路径是"做得大不如做得久"。投资，更多的是人性博弈，而"丰赡人生"除却躬行"点万两金、读万卷书、悟万条理、行万里路"，别无他途。

用刘红女士的生活和事业的真实经历，来诠释她在自己书中所写的那几句富有哲理的话语。

通盘无妙手，日进一点金。这显然是远远超越了投资范畴的人生忠告。

但是，在我们身边有太多"终南捷径"的信徒，这些人偏不信"通盘无妙手"的邪！他们不约而同患上了"一夜暴富臆想症""一战成名臆想症""一步登天臆想症"……他们不知道，"捷径"其实是离"劫境"最近的一个词，所有的耍心机、斗心眼、抖机灵、抄近道、欺大天、贪大功、撞大运、拜大神，都可能使自己坠入万劫不复的深渊。

现实中总有贪欲过重、急功近利的人，会造成不可预料的恶果。

怀一半匠心，怀一半诗心，立志做个"本手王"，那样，妙手或可偶得。

胡适在北大演讲时，曾睿智地将"福不唐捐"改为"功不唐捐"。是的，没有一点努力会白白丢掉的。怕什么通盘无妙手？扎实走好人生路就是最高妙的"妙手"！

所引用诗句的风格也是清新自然，和作品追求清净平和的生命状态的主旨有高度的契合。

近年越来越喜欢布袋和尚的这首《插秧诗》了：手把青秧插满田，低头便见水中天。六根清净方为道，退步原来是向前。

——水中可觅天，退步是向前。唯有真正的"妙手"，方可将这人间满目青绿，一揽入怀……

不唯功利，纯粹地、专注地去体会过程，反而会有更大的收获。

137

在刹那中培植一个千年

这位女子会被吓到，表明她正专注地做事，读者会好奇她在做什么事情会有如此反应？

参加一个活动，被安排与一位陌生的女子同居一室。她比我早到一步。我拉着箱子进屋时，她正低头忙活。遽然回头瞥见我，她夸张地以手抚心道："吓死我了！"我赶忙赔礼道歉。她说："不怪你！不怪你！是我自己做贼心虚！——你看，这花，是我刚从走廊的插花瓶里偷来的！"说完哈哈大笑。我这才注意到，她正在往玻璃杯里插一枝黄玫瑰。此后的三天，被这枝美丽芬芳的黄玫瑰照耀着，我俩拿出与之比美的劲头，起劲地工作，起劲地梳妆。我可爱的同屋，更是用一包湿巾，反复擦拭那已经被服务员擦拭得锃亮的几案、椅背、镜框、窗台。"她们的抹布未必干净呢！"她边擦边说。瞧她那一丝不苟的样子，仿佛是要在此屋长住下去……打那儿以后再住宾馆，不论是单住还是与人同住，我都不敢再乱扔衣物、乱堆寝具，我将房间收拾得整整齐齐，仿佛是要在此屋长住下去。

差旅中的一个住宿房间，作者的室友也用心布置，赋予它生活的气息，衬托出这位女子对生活的敬重与热爱。

我家有一间小小的"山景房"，极其用心地装修了一番，打算每年暑期去那里度假。结果，我家老徐不忍看那房闲置，擅自将它租出去了。我心疼得不行，跟老徐说："我当年嫁给你都没住上新房，好不容易有了间新房，你居然不舍得给我住，却拿它换了银子！好歹毒！"……两年后，租期到了，我们去收房。我的个天哪！那新房早已被住得没了模样——复合地板上有几处扎眼的划痕，划痕里沉积着污物；沙发靠背上落满了尘土，尘土上的手印历历可数；浴室的瓷砖掉了一大片，破碎的瓷砖

虽然没有明确表明作者的心情，但是环境描写所呈现出的肮脏、杂乱，鲜明地体现出租户对房间的不尊重、不爱护。作者对这类人和现象的不满与批判极其强烈地表现出来。

胡乱堆放在地上；阳台窗户的玻璃仿佛被子弹击中，辐射状的裂痕触目惊心；最令人不可思议的是，灯开关按钮的四周全是厚厚的黑泥！我一忍再忍，才将那句"你们天天竟是拿烤肉按开关吗"的问话强咽了回去。

同样是"短期居住"，但居住者的心态却为何有着如此巨大的差异？一个是"积极建设"的心态，一个是"消极破坏"的心态；一个试图将一天住出一年的诗意，一个却将一年住出了一天的苟且。

——"租房心态"，这是我在一本企管书上读到的一个词语。作者说，有些员工，就算在一个单位获取了"编制"、站稳了脚跟，也会在心中将自我设定成"租户"——这里的一切都不与我的生命发生深切的关联，我只是暂时"借居"于此，因而，"短期行为"永远是我的第一选择。就像那个"拿烤肉按开关"的奇葩租户，他以为珍惜是反常的，不珍惜才是正常的。"随时离开"的想法，不由分说地攫住了他的心，于是，他便将在这借居之所付出劳动视为不值甚或可耻。由奴性催生的惰性，由惰性催生的狼性，便在这个人身上肆无忌惮地彰显出来。

《借我一生》，是余秋雨一本书的名字。说到底，哪个人的一生不是"借"来的呢？包括我们的家、我们的单位、我们租住的房屋、我们客居的旅社……这一切的一切，无不是"借"来的，它们不可能恒久地属于我们，就像流星必然的滑落，我们与我们挚爱的一切，深藏了一场场必然的告别。然而，这不应该成为我们苟且的理由。傻瓜才会拿着无数光鲜的日子去为最后那个灰色的日子殉葬；并且，我的经验告诉我，不屑安妥一天的人，便无能安妥一生。一旦我们不幸生出了"租房心态"，一个可怕的咒语便随之响起——恨出恨进，怨往怨来。你恼怒着

后果的严重令人警醒，读者会迫不及待地想知道，究竟要怎样做，才能在人生短暂的阶段中，得到宝贵的成长和使身心真正受益的收获呢？

"借"客观而略带残忍地讲出了人的生命的存在特点。人的生命都是不恒久的，依托人的生命存在的各种事物、名利也会终将失去，不可自主把握。

139

打烂了器物，裂痕终会爬进你的生命里。

罗曼·罗兰说："这世上只有一种英雄主义，那就是在看透了生活的本质之后，依然热爱生活。"明知道迟早要离开，依然爱得如痴如醉，在刹那中培植一个千年，于瞬间里安放一个永恒——这，难道不应该成为你我的第一等修炼？

"刹那"与"千年"形成对比，"瞬间"与"永恒"形成反差，过于短暂的时限容易让人忽略，所以"培植"与"安放"其实是在告诉读者，自主去感知和安排，是能够赋予生命历程以意义价值的关键。

暖透

好大风！楼房似也被吹动。

拐过那道仿古青砖墙，猝不及防地，见背风处坐了一个白发老人，面前摆一条花花绿绿的"国民棉被"——不用说，那棉被苦了东西。

"买点这个吧……"老人有些不抱希望地对我说。边说边掀开被子一角，露出泡沫箱，再掀开泡沫箱，露出他的"这个"——樱桃萝卜。

我俯身端详他的宝贝，可真漂亮！整整齐齐地打了捆儿，红的娇艳，绿的精神！让人不由幸福地想象这若是整株洗净摆进青花瓷盘端上餐桌该多么讨得一家人欢心！

"多少钱一捆？"我问。

"5块钱。"老人来了精神，殷勤地答。

嗯，不贵呢！我心里说。可是，我这是要去医院做理疗呀，我拎着一塑料袋樱桃萝卜闯进理疗室，也忒违和了吧？

"这么冷的天，会冻的……"我打退堂鼓了。

老人赶忙说："我给你多包几层塑料袋，冻不了。"

我左顾右盼，做出趑摸他的二维码的样子："我怎么给你钱呀？我只带了手机。"

他说："最好，最好给现钱，实在不行，扫码也行。"说着，有几分不情愿地从怀里摸出一个塑封的二维码牌牌。

我正要扫码，一个中年男子连蹦带跳跑了过来。

老人相关的环境描写、物品描写，生动形象地体现出他生活的拮据，处境的艰难。

老人努力为我想办法如何能稳妥地带走物品，一方面是努力想办法卖出商品，另一方面也体现出老人真正想帮助我解决问题，解除我的顾虑和小麻烦。

明明是要收款，老人为什么会"不情愿"？

男子的话语中讲述他付出的成本和他的所得之间很不合理，引发读者的阅读兴趣，为什么男人会有这样的做法呢？

"冻死我了！"他夸张地嚷着，"又花 15 块钱买了个袋子，装你这 10 块钱的小水萝卜！"

边说边抖搂着一个米白色购物袋："给！10 块钱。这下钱可以归你了吧？哈哈哈……"

老人不住声地说着"谢谢"。

我注意到男子递钱的手上戴着个大金戒指，有普通顶针那么宽，有 10 个普通顶针那么厚。

"真俗气！"我心里说。

我评价人的标准是世俗的，是表面的，就像我以为我买走老人的商品，就是施恩于人，就是自以为的崇高了。

我举起手机欲要扫码。

男子突然冲我叫起来："别扫别扫！给他现金！"

我说："我没带现金。"

男子说："嘿！跟我一样，出门就带个手机。你扫码，钱就到他儿媳妇手机上了，你给现金，他就得了！我教你哈，你也像我这样，去那边小超市花 15 块钱买个袋子，然后，让收银员扫你 25 块钱，找你 10 块钱现金，这不就都有了？现金归他，小水萝卜也冻不坏，袋子还可以重复使用！——哦，那是个私人开的小超市，这操作，没问题！"

从男子的话语中，读者可以清晰地了解到这位男子对老人的帮助不是只匆匆流于形式，而是真正了解情况，用最有效的方式，将对老人的关怀落到实处。

"你，不是托儿吧？"我开玩笑地问。

他听了哈哈大笑："我是托儿！我就是托儿！我心疼这个大爷，83 岁了，比我爸还大两岁呢，天寒地冻地跑出来卖自己种的水萝卜；你只要一扫码，钱就让儿媳妇叼走了。虽说我今天刚认识这位大爷，可我真愿意当他的托儿，动员像你这样的好心人想办法给他现金，让他攥住几个小钱……你说，我这托儿当得是正还是邪？"

作者除了感受和践行了自己的善意，还通过对这位男子评价的转变，对如何真正、客观地评价他人有了更准确的标准把握。

他边说边做着夸张的手势，顶针样的大金戒指晃来晃去。

我竟觉得那戒指不那么俗气了。

迎着风，我向超市走去……

大香奶奶

一直想写写大香奶奶，又一直担心这支拙笔写不好她。

大香奶奶家跟我家隔着三户人家。她名叫大香，却生得又瘦又小，还有点佝偻；因为有头疼的毛病，一年四季都戴着帽子。他男人靠一样家传的手艺吃饭——炒花生。

有一回，母亲去大香奶奶家借筛子，心眼贼多的妹妹假装去找妈妈，也去了大香奶奶家，结果，赚回来两口袋热乎的炒花生。那年她大概五六岁吧，穿着我穿剩下的一件旧花褂子，美不唧唧着两个鼓鼓的口袋在屋子中间转磨磨。我和弟弟互递一个眼色，扑上去就开抢她的花生，她夸张地尖着嗓子大哭，引来了母亲。母亲骂了我和弟弟一通，责令我俩把花生还给了妹妹。但妹妹不干，硬说少了，尖着嗓子大哭不止。母亲没办法，只好给了妹妹两毛钱，让她自己去大香奶奶家再买些花生。

第二天一早，父亲打扫院子，竟在东墙根捡到了一样东西——紫花手绢包着的炒花生！甫问，是大香奶奶扔过来的。

母亲给我们分了花生，洗干净了手绢，又摘了一些半青半红的大枣，亲自送到大香奶奶家。

想不到，自那以后，扔"花生包"的节目竟频繁在我家上演，搞得我都戒掉了早起赖床的毛病，天天巴望着第一个冲到院子里，捡回一包热乎的炒花生——你不知道，在下了一层薄雪的院子里，欢天喜地捡起熟悉的紫花手绢妥妥地包着的热乎花生，是一件多么幸福的事！

拙笔，表面是在写自己文辞拙劣，其实是为了表达作者对大香奶奶的深情，因为情深，更怕词不达意。欲扬先抑，引出下文。

外貌描写塑造出的是一位寻常的女性，家人的营生也貌似微不足道，这与开头自己的感受看似矛盾，激发读者的阅读兴趣。

写我们家姊妹抢炒花生的故事，看似与大香奶奶无关，实则从侧面展现出大香奶奶爱人手艺的精湛。

143

"紧巴""解解馋"等词，与大香奶奶的身份及年龄特征相符合，使人物形象立体真实。

借大香奶奶之口，写出了大香奶奶临终前还惦记着"日子紧巴"的张老师一家人。她以临终嘱托的形式，让儿子去还张老师家30斤小米、30斤白面。而儿子一句"啥也别说了，你们就成全了我的孝心吧"，也表明他对自己母亲的"假欠债"心知肚明——一家人都愿意变着法儿地接济张老师一家。

第一个"苦"，指的是味道之苦，第二个"苦"指的是生活之苦，作者通过对"苦"字含义的挖掘，从大香奶奶吃苦瓜的情节中提炼出她无私的精神和坚韧的品格，表达了对大香奶奶的赞美之情。

大香奶奶多么敬重我那做小学教师的母亲啊！作为长辈的她，从来不直呼母亲的名字，只叫她"张老师"。大香奶奶的一个孙子、两个孙女，都是让母亲给起的名字。母亲跟大香奶奶说："别总给孩子们送花生了，惯坏了他们！"大香奶奶说："你家日子过得紧巴，少不了亏欠孩子的嘴，我拿不出山珍海味，几粒花生让孩子们解解馋吧。"

我大二寒假回家，妹妹红着眼圈告诉我说："姐，大香奶奶没了。"我心里咯噔一下："她也就70多岁吧？"妹妹说："才69岁……姐，再也不会有人给咱们扔花生包了！大香奶奶到死都惦记着咱家呢……"妹妹说着流下泪来。

母亲和妹妹争着跟我说起了大香奶奶的事。

大香奶奶病倒后，母亲去看她，听她儿媳妇说她想吃苦瓜，但已经是深秋了，苦瓜不好找。母亲问自己班的学生，谁家种过苦瓜？谁家还储着苦瓜？自己班的学生家没有，就又去别的班问，一连问了好几个年级，终于有个三年级的小女孩从她奶奶家里找来了两条苦瓜。

大香奶奶是在吃到苦瓜的当天夜里闭上眼睛的。

大香奶奶后事办完后的第二天，她的儿子、儿媳一人扛着一个面袋子来到我家，一见到我父母就双双跪下了。我父母惊坏了！赶忙扶两个人起来。大香奶奶的儿子对我父母说："哥，嫂子，我娘咽气前，我问她还有啥要嘱咐我的，她说，儿啊，我跟张老师家借过30斤小米、30斤白面，你记着替我还了……哥，嫂子，啥也别说了，你们就成全了我的孝心吧。"

我母亲哭着说："我的老姊子呀，你叫我怎么咽得下这30斤小米、30斤白面呀！你心里装的都是别人的苦，临走想吃样东西，还是苦瓜，你把苦都替别人吃了……"

我也哭了。

妹妹哽咽着说："大香奶奶的儿子又不傻，他肯定知道，他家日子那么好过，不可能向咱家借粮食啊！他知道他娘是想接济咱家，所以，他反复说'你们就成全了我的孝心吧'！他心里明镜似的。姐，我现在出门，总绕着大香奶奶家走，只要一过她家大门，我的眼泪就止不住……"

多少年后，我和妹妹都工作了、赚钱了，每次回家，我俩都不约而同去大香奶奶家买花生。她儿子问我们："买这么多，怎么吃啊？"

我俩笑笑说："放心吧，一粒也剩不下！"

每当把花生分给同事、朋友，我都会忆起那一方紫花手绢，它那么小，却能包天裹地、布霓散霞。作为一个曾经受惠于它的人，我问自己，我该怎样行走人间，方不负它慨然的恩宠……

呼应前文情节，表现了后代对大香奶奶事业和品格的传承，也表现了"我"对大香奶奶的感激与怀念之情。

"行走"一词，本义指在道路上行进，此处指在人间立足，展现了"我"由大香奶奶的故事而产生的对自我生命的反思。

我的肝，你拿去用吧

隔着九载烟尘，我问候史铁生，问候他存留于这尘世间的"部分生命"——他的肝脏，他的角膜。

如果我能于万人丛中晤见那幸运的受捐者，我定会轻轻摇着他的手说："谢谢你让那个人依然活着！如果你肯赏脸，我们陪他一起去喝杯咖啡，好吗？"

他那么"贫寒"，我说的是健康。

"我的职业是生病，业余写一点东西。"他说。

生命，娇贵的生命，佳妙的生命，仙境般的生命啊！

甫一搭上"生命列车"，我们满眼美景，满心欣悦。我们几乎谁都难以逆料，有一部分"自己"会提前下车，就像太多人难以逆料有朝一日自己下车后，还能有一部分"自己"依然留下充当列车上的乘客。前者如史铁生的腿和他的肾，后者如史铁生的肝和他的眼。

我常想，人，究竟是怎样修炼出来一点点与自我身体告别的度量呢？这个过程，伴着血，伴着泪，伴着可诉人与不可诉人的悲怆苦痛。

"文章憎命达，魑魅喜人过。"因为不被上帝厚待，这个人，被缪斯深情地拥入了怀中。史铁生，是缪斯送给死气沉沉的中国当代文坛的一个神妙童话。他飞翔，带动一架轮椅。

讲《我与地坛》的时候，趁着回身板书，偷拭了两滴清泪。我以为没人看到，可我的课代表悄悄递给了我一块纸巾……

我想到了他那句泣血的话语——生命中永远有一个"更"。

坐在轮椅上，怀念能跑能跳的好时光；

长了褥疮，怀念安稳地坐在轮椅上的好时光；

得了尿毒症，怀念生了褥疮但依然可以安坐在轮椅上的好时光；

每周三次透析，怀念生了褥疮、患了尿毒症，却依然可以清醒思考的好时光……

呈现史铁生的人生经历，解释"更"的含义——永远有超越之前的苦难到来。

因为不断受锤，所以他对疼痛有着超乎寻常的感受。他推己及人，越发哀怜起那些正在受锤的无辜生命。

他生前多次向夫人陈希米表示，只要身上还有一件对他人有用的器官，在他离世后一定"无保留、无条件"地将它们捐赠给需要者。你瞧，史铁生多么善于"报复"——你投我一座冰川，我报你一轮朝日！

报复，本义指的是有意识对曾经伤害过自己的人进行回击，此处指用善意的馈赠报答苦难的折磨，表现了史铁生的善良与高尚，表达了作者的赞美之情。

9年前的今天，那个轮椅上的非凡生命慢慢停止了呼吸，表情安详得像个熟睡的婴孩。医护人员们庄严地走向他，在《安魂曲》中，向这个把后事安排得完美无憾的人三鞠躬。9个小时后，史铁生的肝脏、角膜在两个幸运儿身上奏响生命华章！

——给，这是我的肝，请拿去用吧！

——给，这是我的眼，请拿去用吧！

"奏响"一词形象生动写出了肝脏、角膜之于患者生命的重要作用，表达了作者的钦佩、赞美之情。

史铁生说过："死是一个必然会降临的节日。"我曾万分纳罕：他缘何不说"日子"而说"节日"？直到那一天，我才彻底明白了这"节日"的确切含义——嗯，他真的把那个日子变成了受捐者的"生日"与"节日"啊！

《让"死"活下去》，这是陈希米的书的名字。生生往"死"里楔进去一个"活"，史铁生做到了。

他不"贫寒"，他很"丰裕"。

呼应上文，"丰裕"指向史铁生富足的精神世界。

愿他捐出的肝，能分解你我生命的毒素。

愿他捐出的眼，能馈赠你我恒久的光明……

毒素，表层含义指身体中的疾病，深层含义指精神上的困境；光明，表层含义指眼睛重见天日，深层含义指内心善良与美好。以此作结，余味无穷。

这个星球有你

彭先生打来电话，邀我去西部教师培训会上讲座。尽管与彭先生仅有一面之交，但我还是愉快地应允了。

撂了电话，翻一下工作安排，发现居然与一个会议撞车了。连忙打电话向操持会议的人请假。对方沉吟了片刻，半开玩笑地扔过来一句："去走穴？"问得人火往头上拱，又不便发作，赔着笑说："跟商业不沾边。组织者提供交通、食宿费用，不安排旅游。我的讲座是零报酬。"对方听了，用洞悉一切的口吻说："哦？零报酬？那不是他们太不仗义就是你太仗义了吧？——来这个会还是去那个会，你自己掂对吧。"

我好难"掂对"！

我跟自己说："何苦来？背着一口黑锅去搞什么鬼讲座！"可是，答应了的事又怎好反悔？我需要寻觅一个推掉讲座的充分理由。

我上网搜索彭先生的背景材料。

彭先生本是名牌大学的高才生，毕业后到天津市某家知名软件公司做软件企划。朝阳的年纪，做着一份朝阳的工作，惹来许多人艳羡。但是，突然有一天，他毅然决然地辞去工作，做了一名自愿"流放"西部的 IT 人。

促使彭先生下决心去西部的，是一对苦难的母女。

冬季的傍晚，彭先生从公司下班回家，发现车胎没气了，便把车推到一个修车摊去修理。三九天气，刀子风刮得人脸生疼。

"洞悉"一词，看似是与作者关系熟络，其实是用世俗眼光看待，是不懂作者的真实感想的。

开头设置了一个两难的处境，作者该如何抉择？引发读者继续阅读的兴趣。

"流放"鲜明地体现出对原有优越环境的放弃，是什么让彭先生放弃优厚的物质生活条件？他选择了一种怎样的生活呢？

为他补胎的是一个进城打工的女人。女人身边，是她五六岁的女儿。小女孩渴了，一直缠着妈妈要水喝。但妈妈忙着锉胎、涂胶，腾不出手来给女儿弄水。小女孩见妈妈实在顾不上自己，便趴在试漏的水盆前，小声地问妈妈："妈妈，这盆里的水能喝吗？"没等妈妈回答，渴极了的小女孩居然把头伸向了那漂着浮冰的脏水盆……这一切发生得那么突然，彭先生的心被揪疼了。他赶忙跑到最近的一家商店，买了几瓶牛奶，以最快的速度跑回来交到小女孩手中……

第二天上班后，整个上午，彭先生全身都在发抖。他事后说："在离我们公司不到五百米远的地方，竟有如此苦难的事情发生！而我却坐在有空调、有暖气的办公室里……这件事是一个导火索，它把我几年来想好的事情一下子提前了；或者说，好比是一个朋友打来电话，让我赶紧去做更应该做的事。我再不能等下去了！"

他于是去了甘肃省那个叫黄羊川的地方。义务支教，分文不取。

当他坐在一户姓王人家的炕头，吃着读到四年级就因贫困而辍学的女孩烤的土豆时，他哭了。

当他在另一户人家，听到一个做了母亲的人说因为没念完书而一直后悔着、怨恨着时，他哭了。

通过努力，他让黄羊川的中学生每周吃上了一次肉。

通过努力，他让黄羊川连上了互联网并拥有了自己的网页。

因为看到了这样一个事实：越穷越不重视教育，越不重视教育越穷。他决心用教育拯救这片土地……

在他的影响下，他的一位在中国气象局工作的同学毅然辞职，来到黄羊川，做了一名长期固定教师。

....

　　我原本寻觅疏离缘由的心，此刻却被亲近的热望塞得满满。在这些故事面前，一口"黑锅"显得多么微不足道！被误解的痛，幻化成一条细到可以忽略不计的蛛丝，随手抹掉或者交付风儿，都可以微笑着接受。

　　有个广告说："我们都是有故事的人。"这句话多么适合彭先生！这年头，有故事的人很多；但是，彭先生的故事却堪称高品位。有故事的人没有四处张扬自己的故事，幸运地分享了这故事的人一直在心中说着那句古语："虽不能至，然心向往之。"我不知道那些津津乐道于"血酬定律"的人该如何从学术的角度解读彭先生的行为，我不知道哪个聪明人能有本事为彭先生的发抖和流泪标价。《博弈圣经》上说："生存的游戏就是利己主义和利他主义之间的博弈。"利己的人，喜欢用"本能"为自己开脱；利他的人，却不好意思用"本能"给自己贴金。"本能"，是生命所接受的教育总和在某个瞬间的大暴露。有的人，利己是本能；而有的人，利他是本能。这就可以解释为什么有人一听到"讲座"这个词，第一反应就是酬劳，而彭先生一看到别人受苦挣扎，拯救的欲望立刻就主宰他的生命了。

　　——我决意充当那个可有可无的会议的叛逃者。
　　——我决意把多年淘得的教育真金悉数献给西部。
　　——我决意将新出版的书赠予那些与我今生有约的西部同行。
　　我发给彭先生的短信是："这个星球有你，我多了一重微笑的理由。"

彭先生的贡献不能用物质财富来衡量。

呼应开头情节，作者在当初两难的抉择中，做出了坚定的正确选择。这选择背后，是对于奉献精神的敬意，是对自我价值实现的理想化追求。

151

七瓣莲里的人生

"二十文章惊海内．"人们这样评价你。

对于你，我曾试图读懂，但却难以读懂。你的生命，被赋予了太多灵慧——你诗词了得，绘画了得，篆刻了得，音乐了得，戏剧了得。你怀着一颗恭肃的心，侍弄自己挚爱的文学艺术。读书、作画、弹琴之前，都要净手。你说，音乐是所有人的灵魂圣水；你第一个把光与影请到中国的画纸上；你束起腰，就能反串玛格丽特；你写的歌，我的母亲、我和我的孩子都喜欢唱……似乎随便哪碗饭你都能吃得很硬气——在任何一个领域里你都不屑浅尝辄止。但是，39岁那年夏天，你亲手打翻了所有的饭碗——你剃度了。

我一直为你遗憾呢。

这一天，我来到你的家乡平湖。听着当地人难懂的话，忍不住要学两句——你是这乡音哺育的赤子啊。来不及去宾馆放下行李，就央司机将我载到了你的纪念馆——"东湖"粼粼波光之上的一朵硕大莲花。七瓣莲里盛放的，就是你至丰至俭的一生了。

那在凉凉的石中"悲欣交集"着的，可是你？

擎着一枝焰火般盛开的"彼岸花"，耳畔回响着《送别》那哀婉凄美的旋律，我向你致意。我一瓣一瓣地寻觅你的心踪，我一瓣一瓣地熏染你的心香。半世的潇洒，都被框在泛黄的照片中了。我看到那个为你剃度"助缘"的居士了，他的一句戏言，却被你认了真。进入一个全新的境地之后，你觉得自己脱胎换骨了，遂想到老子的那句"能如婴儿乎"，竟毅然为自己取了新名——李婴。

"婴"作为名，纯粹、洁净之感鲜明强烈。

就这样，你删繁就简的愿望，仿佛塘中一支荷箭，不可遏抑地挺出来，挺出来。

"代苦"这两个字是你用朱砂写的。血一样的颜色，那么触目惊心。你说，你宁愿独自担当世间的苦；又说，为了让世人少受苦，你宁愿受尽世间所有的苦。——造物主强行将"苦"这种东西分摊给他的子民，芸芸众生，谁个不是避之唯恐不及？而你，反希望多讨要一些，你愿替世人代受了那苦。

常人面对苦难时的畏惧与厌弃，与主人公的承受与担当形成对比，愈发显示出他的无私奉献精神之可贵，作者对其崇敬之深。

我难以挪步。

两万多个日子前，你说了这样一句话；两万多个日子后，我才听到你的声音。可我决意在这一帧字前当真放下些心中的苦，交由你"代"了去。我相信你不会厌烦，反会颔首。——你知道吗，当这个念头甫一浮上来的时候，我心中的苦，就已减了大半。

你的抚慰，即便隔了数万个日子，竟也这样奏效。

我曾在课堂上讲你的故事——为了让椅子上那肉眼看不见的小虫（或许竟是凭空想出的虫吧）免于被压得毙命，你坚持在落座前摇一摇椅子，以期让它们有机会逃走。孩子们听罢大笑起来。我眼中却蓄满了泪水……

面对微小的生命，也满怀最大的慈悲。

有"代苦"之心的人，活得多么苦。"老实念佛"，过午不食，你以清瘦之躯供奉着一颗丰润禅心。如果我在这一帧血红的"代苦"面前还为你亲手打烂了一个个世俗的"饭碗"而叹惋，你定然会朝我投来失望的目光。

作者懂得对先贤最大的敬重和告慰，就是用同样的慈悲面对生活、面对世间万物。

弃甜，原是你向"代苦"迈出的必然一步。

——这个叫李叔同的人，足以让所有"贪甜"的人汗颜。

作者大胆赋予了这座造型别致的纪念馆以生命，以它的生根暗喻李叔同精神的生根，唯美动人。

挥别之后，回望粼粼波光之上那别致的七瓣莲建筑，我竟然相信，莲花之下，有藕茁长……

心中的清凉

一条渡船，上面载满了急切到对岸去的人。船夫撑起了竹篙，船就要离岸了。这时候，有个佩刀的武夫对着船家大喊："停船！我要过河！"船上的客人都说："船已开行，不可回头。"船夫不愿拂逆众人的心，遂好生劝慰武夫道："且耐心等下一趟吧。"但船上有个出家的师父却说："船离岸还不远，为他行个方便，回头载他吧。"船夫看说情的是一位出家人，便掉转船头去载那位武夫。武夫上得船来，看身边端坐着一位出家的师父，顺手拿起鞭子抽了他一下，骂道："和尚，快起来，给我让座！"师父的头被抽得淌下血来。师父揩着那血水，却不与他分辩，默默起身，将座位让与了他。满船的人见此情景，煞是惊诧。大家窃窃议论，说这位禅师好心让船夫回头载他，实不该遭此鞭打。武夫闻听此言，知道自己错打了人，却不肯认错。待到船靠了岸，师父一言不发，到水边洗净血污。武夫看到师父如此安详的神态举止，愧怍顿由心生。他上前跪在水边，忏悔地说："师父，对不起。"师父应答道："不要紧，外出人的心情总不太好。"

讲这故事的人是这样评价这件事的：禅师如此的涵养，来自视"众生皆苦"的慈悲之心。在禅师看来，武夫心里比自己苦多了。不要说座位，只想把心中的清凉也一并给了他。

我看着这个故事长久发呆。我轻抚着自己的心，悄然自问：这里面，究竟有几多的"清凉"？

和那位拥有"沉静的力量"的师父比起来，我是近乎饶舌的。

精妙的文段之中容纳了多重对比，出家人与客人对待想要登船的武夫的态度的对比、武夫的暴躁鲁莽与出家人的包容沉静的对比、船客对武夫的指责不满与出家人面对伤害的淡然安详的对比，巨大的反差体现出人物鲜活的特点，更引发了读者阅读下文的巨大兴趣，为何出家人能够如此不俗？

现实的鞭子还没有抽打到我的身上，我已经开始喋喋地倾诉幽怨了。我不懂得有一种隐忍其实是蕴蓄力量，我不懂得有一种静默其实是惊天的告白。我的心，有太多远离清凉的时刻。面对误解，面对辜负，面对欺瞒，面对伤害，我的心燃起痛苦仇怨的火焰，烧灼着那令我无比憎恶的丑恶，也烧灼着我自己颤抖不已的生命。我曾天真地以为，这样的烧灼过后，我的眼将迎来一片悦目的青葱。但是，我错了。我看到了火舌舔舐过的丑恶又变本加厉地朝我反扑，我也看到了自己"过火"的生命伤痕累累，不堪其苦。总能感到有一道无形的鞭影在我的头顶罗织罪名，总是先于伤口体会到头破血流时的无限痛楚。我漂泊的船何时靠岸？洗净我满头血污的河流又在何方？

当我和这位禅师在一本书里相遇，曾忍不住抚着纸页痴痴地对他讲：因为怜恤，所以，你不允那人独自滞留岸上；遭遇毒打时，你因窥见了那人焚烧着自我生命的满腔怒火而万分焦灼；当那人跪下向你忏悔，你原谅了他，还真心地为他解脱。——你的心中，究竟储存着多少清凉？面对你丰富的拥有与无私的施与，我一颗寒酸寒苦的心，感动得轻颤起来。

几年前在一个寺院，一位师父告诉我说："一照镜子，你就读到了一个字。"愚钝的我傻傻地问道："那是个什么字呢？"师父在自己的双眉上画了一横，又在两眼上各画了一下，然后，在鼻子上打了一个十字，末了，又指指自己的嘴，问："猜着了吗？"我懵懵懂懂地说："没……有。"师父说："哦，猜不着才好。猜不着，你有福了。"说完，径自去了。我急煎煎地问同行的伙伴："到底是个什么字啊？"伙伴说："是个'苦'字哦。"

——原来，我们带着一个"苦"字来到尘世间。你是苦的，

作者经历过生活中的各种坎坷与磨砺，但是在表述时作者并不谈及具体的事件等信息，而是用比喻的手法展示出这些痛苦与磨难带给我的伤害与影响，"火焰"及相关的喻体，也与文章题目所谈的"清凉"效果关系密切。

作者列举出的现象都是苦痛而艰难的，更突出地表达心中的"清凉"作用之强大，也更加引发读者的阅读兴趣，这"清凉"究竟具体是指什么？如何才能获得？

"苦"字精妙，形神兼备。

我是苦的，众生皆是苦的。

惊悸的心，枯涩的心，猜疑的心，怨怼的心，愤怒的心，仇恨的心，残忍的心，暴虐的心……这些心，全都淤塞着太多太多的苦。被苦主宰着的心远离春天，远离自由。当我们宣泄内心的苦的时候，这苦最先蜇伤的，往往是我们自己。就像那个高举鞭子的武夫，鞭子未及落下，自己的灵魂已皮开肉绽。说到底，无非就是这样一个道理——虐人亦即自虐，爱人亦即自爱。

让我们在每一面镜子前驻足，认清自己脸上刻着的那个清晰的字。让我们深深怜惜那些被这个字穷追不舍的可怜的人。让更多的人一抬手就能轻易扪到自己心中无尽的清凉。

是爱还是虐，是幸福还是苦痛，取决于自己内心的决断与感受，回应前文，内心的清凉感，其实来源于自己对事物的判断与认知，来源于自己对情绪和感悟的把握。

怕它孤寂

余华笔下的福贵是个有意思的老人。他"赤裸着脊背"扶犁耕田，供他使唤的那头老牛疲惫不堪，消极的态度让他有点不满。他于是吆喝起来："二喜，有庆不要偷懒；家珍，凤霞耕得好；苦根也行啊。"旁边的人听了纳闷——一头牛竟然有这么多名字？便拿这问题问老人。老人说，这牛就一个名字，叫福贵。——可是不对呀，刚才老人分明一连说了五个名字呀！老人神秘地向疑惑者招手，想悄悄告诉他个中原委；但却欲言又止，因为他看到"福贵"正抬头看着他。他于是训斥那牛道："你别偷听，把头低下。"那牛便乖乖地低下了头。这时候，福贵老人才压低声音告诉那人："我怕它知道只有自己在耕田，就多叫出几个名字去骗它，它听到还有别的牛也在耕田，就不会不高兴，耕田也就起劲啦。"——这本是一头待宰的老牛。在新丰牛市场，面对一个霍霍地磨着牛刀的赤膊男人，它趴在地上，流了一摊眼泪。福贵不忍心看它哭，便顶着一群人的哄笑，用攒了大半辈子的钱买下了这头不中用的老牛，并和它共用了"福贵"这个名字。福贵老人把福贵老牛当成"伴儿"来对待，牵着它去水边吃草，就像拉着个孩子。他憨痴地随口叫出离世家人的名字，让老牛觉得，在不远处还有五头干劲冲天的牛正在和自己比赛呢。

丹麦作家约翰尼斯·延森也写过一个人与牛的故事，跟余华笔下的故事真可谓相映成趣。——安恩是个老妇人，一天，她

余华笔下曲折丰富的小说情节，被作者浓缩成了精炼的短小文段，只取与主人公对牛的称呼相关的情节，聚焦信息，为下文谈论对生命的尊重和意义的领悟做了充分的铺垫。

跨越中外，让读者看到作者所谈论的现象和思想的启迪所具备的普适性，更能够唤起阅读的共鸣感。

牵着她的奶牛来到了瓦尔普峡集市的牲口交易场。交易场上那么杂乱喧闹，安恩却多么"安闲"啊！她晒着太阳，旁若无人地织着毛袜。那依偎在她身边、用头温柔地蹭着她肘部的，可是一头惹眼的"好奶牛"，它健壮结实，皮毛干净，"浑圆的乳房胀得鼓鼓的，软绵绵、毛茸茸地垂在肚皮底下"。商人来询价了，她说这牛不卖；屠夫来询价了，她又说这牛不卖。人们有些蒙了，又问了她些"这牛已经有主了吗？"或者"这牛是你自己的吗？"之类的话，安恩一一作了回答，而她的回答令大家更加气恼——既然这头牛属于你而又不曾卖出，那你为什么高低不肯卖呢？你带它来这里，究竟是为了出出风头呢还是想拿大伙儿开涮呢？安恩老太太听了，神色慌乱起来，不得不向大家道出了实情："我的小村庄上就只有这么一头奶牛，它又没法同别的牲口在一起，所以我就想，倒不如把它带到集市上来，至少可以让它跟同类聚聚，散散心。"——居然是，她怕她的奶牛太孤寂，带它来集市看一看同类，聊以解忧！

应该说，福贵和安恩，给过我太多的精神抚慰。我天生心软，是个"畏惧无畏"的人。年幼时读古书，不明白古人为何会将残鸷之人唤作"忍人"；后来慢慢懂了，原来，忍就是不动性、不动情、不动心，血液可以结成冰，肉身可以凝为铁。忍得下心，就下得去手——无视屠刀下生命的哀哭，无视樊笼里生命的哀号。"忍人"会说：动物嘛，生来就低人一等，生来就该果人腹、代人劳、分人苦、逗人欢、医人疾，动物需要个什么尊严呀！

其实，福贵的牛，宰了也就宰了，安恩的牛，卖了也就卖了，它们是断不会抗议的，也不会变个鬼、托个梦来找那辜负了它们的人纠缠不休；但是，"不忍"的人，会在心里跟自己纠缠不休的。我喜欢这两个疼牛的老人，喜欢他们站在牛的立场上去想牛。

当世俗之人以价格的高低来评判奶牛的价值的时候，奶牛是作为牲口、工具而存在的，而安恩给予它情感交流的机会，关注它的心情感受，把它作为有血有肉、有情有思的生命体，这或许是比昂贵的价格更加宝贵的价值。

"忍人"对动物的评价，和多少世俗之人的观点相似，现实针对性强烈。

"忍人"，不会不安；"不忍"的人才会跟自己纠缠不休。那是因为，他们会站在牛的立场上想问题。越是尊重生命、怜惜生命，越害怕辜负，越可能对动物的遭际感同身受。

他们乐于揣摩牛的心思，怕它消沉，怕它孤寂，怕它忧伤，于是，他们就激励牛、取悦牛，跟牛唠嗑、带牛散心，把这个世界的温暖传递到牛身上。

　　——在"新丰牛市场"，在"瓦尔普峡集市牲口交易场"，福贵和安恩，还和自己心爱的牛在一起吗？

此时的福贵和安恩，超越了文学作品中的角色，成为生活中每个人的符号，引发读者的思考。

于尘埃中凝视出花朵

有个朋友，帅而颓废，一副铁了心为痛苦做情人的样子。他常挂在嘴边的一句话就是："在痛苦的苏格拉底和快乐的猪之间，我永远选择前者。"我逗他："设法做快乐的苏格拉底不行吗？"他认真地说："尘世间绝对没有这样的人生角色。要么做痛苦的苏格拉底，要么做快乐的猪。你见过痛苦的猪吗？没有吧？所以，你也就别指望见到快乐的苏格拉底。"他是个悲观主义者，对消极的东西似乎情有独钟。他告诉我说："凡消极的东西，都是消耗了生命用血泪酿出来的。"他读渡边淳一，欣赏他笔下绚烂的爱情中透出的死亡味道。我说："你看得太透了。这不好。"他说："看得透没错，却难说好与不好。我没有在悲观中虐待生命，也没有在消极中敷衍生活，我只是看穿了一切事物的'过程性'特点，我的可贵之处在于，在被必然的终点提前劫持了灵魂的同时，还能够在途中哼着忧郁的调子赶路，不鄙视爱情，不诅咒人生。"但是，他霜打的时刻比常人多得多。<u>有个研究精神卫生的朋友问他："要不要服些'百忧解'？"他却苦笑着反唇相讥："有'百乐解'吗？"</u>——莫非他把快乐解读成了一种浅薄甚或耻辱？多少次我这样问自己。我得坦白，我曾经有过拯救他的冲动。思忖着送他一件怎样的礼物才可以让他活得振作些。他是圈子里公认的大才子。我企图从这个大才子身上为世界多榨取些光亮。但是，我很快就发现了自己的幼稚可笑，因他是个拒绝援救的"自我绑架者"，他深深爱上了那种被绑架的感觉。

这个"他"为什么会把"忧愁"与"快乐"看得没有什么差异呢？无论快乐，还是忧伤，都是自己用心去体悟去真诚感悟的，表明他对自我感受的看重。

对每个人生存状态、感悟方式的尊重，是最善解人意、包容理解的大格局。

161

还有个人，称得上是我的精神导师吧。我在读不懂他的文字的年龄邂逅了他的文字，想来，真为那文字遗憾，也为自己遗憾。后来，我在现实的鞭影中长大，眼里一回回揉进了屈辱的沙子。红肿着眼睛，再读当年那些凝重的文字，竟读得心悸不已。当我站在讲台上，给少男少女们讲他那篇说尽生命的凄凉也说尽生命的柔韧的文章时，我不惜用泪水去拦截他们可能会犯下的我当年所犯的错误。"你们要背诵！"我近乎武断地说，"你们必须喜欢上这些句子：'我把轮椅开进去，把椅背放倒，坐着或是躺着，看书或者想事，撅一权树枝左右拍打，驱赶那些和我一样不明白为什么要来这世上的小昆虫……'不要说书上没有要求背诵，是我要求你们背诵的，或者说，是我求你们背诵的。等生活教训了你们，你们就会明白我今天为什么这么求你们了。"我怕当这些孩子不再是孩子的时候，他们不会像我这般幸运地迎来改写昨日遗憾的机缘。因而，我宁愿先将某种精神的疫苗提前注射到孩子的体内，以期他们能够获得一种可贵的免疫。这些年，我一直在暗处打量着那个人。我注意到他对盲童们说的一番话："你们想看而不能看，我呢，想走却不能走。那么健全的人呢，他们想飞但不能飞——这是一个比喻，就是说健全人也有局限，这些局限也送给他们困苦和磨难。很难说，健全人就一定比我们活得容易，因为痛苦和痛苦是不能比出大小来的，就像幸福和幸福也比不出大小来一样……生命就是这样一个过程，一个不断超越自身局限的过程。"这个人，就是史铁生。一个被命运绑架到轮椅上的生命，通过一次次澡雪精神，实现了自我救赎，以飞翔的姿态弃绝了那辆悲怆的轮椅。

其实，在痛苦与快乐之间，存在着广袤的难以用"苏格拉底"和"猪"去衡量的"灰色地带"。生活给了你一把剪刀，剪断

用比喻的手法，含蓄却又形象地讲述自身经历的坎坷与不平凡，作者的达观与坚韧跃然纸上。

疫苗使人对疾病产生抵抗力、免疫力，作者将史铁生的文字比喻成人的精神疫苗，生动地写出史铁生的文字对人面对、战胜生命的困顿的巨大影响力，作者的赞美崇敬之情溢于言表。

人们往往习惯于从拥有的事物中看到局限和不足，进而自怨自艾，而史铁生让我们知道了另一种视角与格局。局限和不足不是专门针对某个人的打击，那是一种普遍的存在，也是赋予人生以意义价值的目标与挑战。

快乐还是剪断痛苦，剪断多少快乐多少痛苦，全看你手上的功夫。

我那个做定了"痛苦的情人"的朋友，在每一朵花里看出了尘埃，而尘埃也确乎是每朵花的必然归宿。问题是，这种大智大恸的"悲凉预支"究竟能给在花朵前伫立的人带来几多有价值的生命体验呢？如果世间发明了一种透视眼镜，能让你轻易观瞧到衣服里面的胴体甚至血管里奔流的血液，你会戴它吗？真相，有时是用来面对的，有时是用来超越的。史铁生曾感喟："世上的很多事是不堪说的……"我喜欢读也喜欢讲他那些微凉微温的文字，我以为这些文字的魅力在于，于尘埃中凝视出花朵。恼人的尘埃，一刻不停地殷勤覆盖着生命。每个在世间行走的人都背着一个越来越沉重的行囊，行囊里装着的是越积越多的死去的日子。行囊压倒你的一幕就在未来某个时刻里妥帖地藏着。在它当真压倒你之前，你所有逼真的预习演练都无异于一种自虐或自戕。上帝均摊给每人一杯痛苦，但心的容器却有能耐把它扩充成一桶痛苦或减缩成半杯痛苦。只是我说不清楚，这两种人究竟谁离苏格拉底更近些。

"价值"有无的标准是什么？结合上下文，应是在于能够给人以生命存在的意义，能够获得前行的动力。

"凝视"表明这花朵并不是真实存在的，而是人的主观设想、感受出来的，去重视、珍视内心对衰败、哀伤这样的场景和经历，是更能感受到更多、更深刻的生命真谛的方法。

这两种方法，对应上文提到的扩大渲染生命遇到的哀伤，以及从中感悟到生命本就会有局限和属于各自的超越，产生的效果也不同。这两种方法，有对错之分吗？

吸进来，呼出去

现实中是人读到文字，作者却用拟人的手法，让文字去吸引人的关注和理解，生动形象地写出这些文字对人的精神、情感的重要性，也吸引着读者想要去了解，这文字有何深味，需要人们去品读领悟。

"吸进来，呼出去"，这六个字，是我在一座寺院迎门的颓壁上读到的，无意间一抬眼，不知为何，这个藏在满墙文字汪洋中的句子竟自己浮凸出来，要我认出它。仿佛被久候的人轻轻拍了一下肩膀，心一动——噢，你终是来了。薄薄的欢喜，登时掠过忧伤的心堤。是一种松绑的感觉。然而，我却不曾滞留，目光挪开的当儿，脚步已然随着众人走远。

春光正好。游寺院的时候，心里一直默诵着那六个字——"吸进来，呼出去"。默诵"吸进来"的时候，当真就在吸进来；默诵"呼出去"的时候，当真就在呼出去。发现自己默诵得越来越舒缓时，知道自己是在做着深呼吸了。

香烟缭绕。耳畔是木鱼与诵经的寂寂长音。

眼前植物的景象带给游客的丑陋感之强烈，与听说到的植物品种之名贵、样态之美丽形成极其鲜明的对比，人们对此感到失落、遗憾看似是人之常情，由此，也愈发显得"我"所领悟到的道理对人生的作用之大。

那么多人"呼"地拥到了一个花池前，指着花池里几株扭曲丑陋的植物争论着这究竟是什么花。那植物刚刚冒芽，一簇簇褐色的叶尖在枝头紧紧抱住自己，还没有舒展开来的意思。——是呢，这到底是什么花呢？这时候，一位老者走过来，指着一簇褐色叶子的中央说："看这里——"我凑过去，仔细端详他指着的地方。原来，那叶子中央隐藏着一个极小的花苞！"是牡丹啊！"老者说，"这一株，是白色的；这一株呢，是红色的；这一株最名贵，是紫色的，名叫'紫二乔'。"

大家听罢几乎齐声叹起气来——叹自己早来了一步，没看到牡丹花开。我被这沮丧的叹息洪流裹挟着，差不多也要跟着叹息了。但是，我很快让自己止住，俯身对着那尚处于"婴儿"阶段的花与叶，做深呼吸。

若不是那老者相告，我怎么也想象不出那一截截柴火般干枯粗糙的枝干正酝酿着一场无限华美的盛开。眼下，它还没有准备停当，但它绝不是存心让我错过它的花期。我本不是为着它而来，我没有理由要求它为我提前开放。我愿意为不久后的那个日子付出一些美丽的猜想，并且愿意听凭这美丽的猜想薰香我的每一缕情思。

已经很好了——在这几株牡丹花前，吸进来邂逅的欣悦，呼出去错过的懊恼。

许多时候，我是在颠倒的状况下呼吸的——吸进来不当吸的，呼出去不当呼的。谬误的呼吸，弄乱了自己的心。曾经嘲笑过在烂泥塘中扑腾的鸭子，只隔了一道水坝，那边就是倒映了蓝天绿柳的清水池塘，傻傻的鸭子，却不懂得"弃暗投明"的道理，只管执着一念地在烂泥塘里把自己越洗越脏。"那边多好啊！"我跟鸭子们说，一心巴望着它们能听懂并领受我的美意，毅然转身，头也不回地奔赴清水池塘。但是，它们辜负了我。而我，又是谁眼中傻傻的鸭子呢？当我执着一念地在烂泥塘里把自己越洗越脏的时候，我正辜负着谁？我吸不进清爽，呼不出污浊，胸中淤塞了那么多的不快，我的倒映了蓝天绿柳的清水池塘究竟在哪里？

也有过堪慰心怀的呼吸，却难做到心地清明，了无挂碍。呼吸的通道太逼仄了，不晓得三万六千个毛孔原是都可以成为吐纳之器的——纳天地精华，吐凡俗浊气，纳就纳得充分，吐就吐得彻底，让每一寸肌肤都在这一纳一吐间得到荡涤，每一个念头都在这一纳一吐间得到洗礼。

"我"是一个多么充满善意、充满同理心的人，不因自己无缘赏到美景而埋怨和怪罪，而是充分理解和尊重自然生命的本性。

运用比喻，鸭子行为的可笑和我的经历、行为的荒唐相似，生动形象地写出了我对曾经错过生命中的美好感悟，让自己的生活感受到诸多的不愉快而感到懊恼。

我辜负的是自己所经历的风景、事物真正的美好，辜负的是自己生命纯净、美好的状态。

作者为什么要特别强调"呼"与"吸"虽然功能不同，但是都非常重要？他们有何相同点？

165

回应了上一段
"呼"和"吸"
的共性，都是对
生命的一种赋
能，都是让生命
焕发新的活力。

吸进来，是一次重生；呼出去，是一次涅槃。

伫立于春光中，我痴痴地想：在牡丹盛开的时日与它相遇是可堪艳羡的，误认了牡丹且忽略了牡丹花苞是可堪叹惋的，错过了牡丹的盛开却幸运地认出了它，能够在一个真实的花苞上揣想它倾国倾城的容颜是可堪玩味的。至于我，默诵着一个一见面就牢牢跟定我的句子，在看似枯败的牡丹花茎前想着明艳的心事，不怨艾，不懊恼，一如那些初生的牡丹花叶，紧紧抱住自己雍容的愿望，等待一场必然的绽放与飞翔——这是我清贫生命中一个多么奢华的时刻！

游罢寺院，众人的脚步开始把我往外带。走到那面颓壁跟前，我站住了。这回，却是想让刚刚苦心教会了我呼吸的那个句子看清这朵俗世之花一次不寻常的美丽颤动——吸进来，呼出去。

除了大自然的春
天，另一个春天
是指什么？是生
命中的美好、充
满生机活力的新
领悟。

此刻，那个句子在满墙文字的汪洋中浮凸得愈分明了。"只有真正需要我的人才能认出我。"我听到它在说着这样的话。我颔首。内心充溢着独得的隐秘欢悦——在春天之外，我又意外地获赠了一个春天。

166

阅读与练笔（五）

阅读理解

《暖透》

1.在文中，作者对买萝卜的男子所佩戴的戒指进行了细致的描写，请结合上下文谈谈这样设计的原因？

2.请概括男子阻止我用扫码方式付款的原因，这体现了这位男子具有哪些特点？

3.结合文章内容，请分析本文题目《暖透》的含义。

《这个星球有你》

1.请概括促使彭先生萌生并直接推动他到西部去的事件过程。

2. 文中罗列彭先生在黄羊川做的一系列事情，采用一件事一个自然段的行文结构，请谈谈你对作者这样设计写法的理解。

3. 我给彭先生发短信说因为有了他而"多了一重微笑的理由"，请概括这理由是什么？

《怕它孤寂》

1. 在这篇文章中，作者在概括引用了余华的小说《活着》中的主人公与牛之间的关系的情节，又引用了丹麦作家创作的人与牛的故事，请你谈谈对本文作者这样设计的理解。

2. 作者在讲述这两个关于人与牛的故事时，不是只进行简单叙述，而是运用了大量描写，作者为什么要这样设计？

3. 作者认同和赞赏福贵、安恩与牛的关系，深层的原因是什么？

邀你试笔

1.生活中许多事情都不是一个人可以完成的，它需要来自各个方面的合作。合作可以更好地解决问题，可以获得成长；合作可以是并肩奋斗拼搏，也可以是理念情感共通……

请以"合作"为题，写一篇文章。文体不限（诗歌除外）。

2.生命在不断的经历和体悟中逐渐懂得，逐渐成长。懂得责任与担当，懂得正直与坚守，懂得生命的坚韧和情感的深沉，懂得文化的不朽与审美的动人。我们的成长历程中，也在不断地懂得，并对我们的认识、情感与行动产生影响。

请将"因为懂得，所以_____"横线处填写完整，以此为题写一篇文章，文体不限（诗歌除外）。

3.有亲友的关爱相伴，跋涉就不再感到艰难；有成长伙伴的快乐相伴，拼搏就不再感到困苦；有先贤的引领相伴，成长就不再感到茫然；有万物生灵的生长陪伴，成长就不再感到孤独……面对各种压力考验，若能找到宝贵的陪伴，便能带来地广天宽。

请将"与_____相伴"横线上的内容补充完整，以此为题目写一篇作文，文体不限（诗歌除外）。

"阅读理解"参考答案

《暖透》

1.作者通过描写，体现出这位男子所佩戴的戒指价格昂贵，而且看起来有炫耀自身财富的意味，让读者认为这个人应该是个唯利是图的贪财之人，与下文他的善举形成鲜明对比，欲扬先抑，突显出社会上人们之间的善意温暖与身份、外形无关，是非常宝贵的真挚情感。

2.男子阻止我用扫码付款是因为他知道付款码是直接关联着老人儿媳妇的账户，如果扫码付款，老人就无法获得收入了。这位男子对这位老人非常了解，他非常细心地去关心老人，尽力去帮助别人，即使被别人误解，他也非常豁达，是位正直、坦诚又细心的善良人。

3."暖透"不仅突显了文中关爱他人、善良待人的温暖情感，而且文中的老人得到了关心和物质上的帮助。我感受到了人与人之间的纯粹善意，消除了自身原有的一些评判人的偏见，也获得了温暖，所以"暖透"还体现出了这种和谐温暖情感的普遍性存在，更加富有感染力。

《这个星球有你》

1.彭先生下班路上去修车，补胎的打工妇女忙于应付手头的活儿，不能照顾年幼的女儿，女儿口渴难耐，就去喝了修车产生的脏水。

2.作者采用这种罗列呈现彭先生的事迹的方式，让读者对他所做的事情清晰明了，而且鲜明地显示出他所做的一系列事件数量多、影响力大，切实帮助真正有需要的人们。

170

3. 微笑是源于自己内心的某种满足和愉悦，彭先生让我意识到力所能及地去给予他人以帮助，以利他之心作为决策行为、决断取舍的标准，让我能够做出更加准确、无悔的选择，所以说让我多了微笑的理由。

《怕它孤寂》

1. 余华作品中人与牛的故事发生的背景是在中国，与丹麦作家创作的背景有地域和文化上的差异，但是都体现出了对生命温暖的关爱和平等的尊重，在情感方面具有相通性。在文中引用中外不同背景下的故事，其中又鲜明地突出了共性，使得作者要表达的情感和哲思更加具有普适性，也能够唤起读者更多的共鸣，产生强烈的信服感。

2. 作者保留了细致的描写内容，一方面体现出人对动物的那种关爱是真实的、用心的，另一方面从对牛的反应的描写上，也体现出这种对动物的尊重和关爱是有效果的，是能够引发动物的美好感受的。对本文主旨的突显能够起到具体翔实的确立作用。

3. 深层的原因就在于作者对包括牛这样的动物在内所有的生命都抱有尊重与关爱，认为它们和人类一样具有相同地位的尊严与情感，而不是自私地认为人可以凌驾于动物之上，不顾惜其他生命的意义与价值，体现出作者对于生命平等观念的推崇与弘扬。